U0106489

戰後香港精神科口述史

李兆華　潘佩璆　潘裕輝——主編

目次

●
●

編著組成員簡介（排名按筆劃順序）

陳木光先生

於 1979 年投身精神科護理工作，自此便與這份工作為伴，甘苦與共。閒時喜歡與朋友把酒談心，暢論過往 37 年在精神科所遇見的江湖見聞，和種種難忘的回憶。

陳小冰女士

香港理工學院職業治療學系首屆畢業生。1981 年投入香港政府醫院事務署為病人提供服務，直至 2010 年退休。陳女士是新生精神康復會的執行委員會委員，亦是其機構的住宿服務小組委員會及人力資源專責小組委員。

梅杏春女士

香港首位精神科顧問護師，現為青山醫院護理總經理。

趙穎欣醫生

於香港大學醫學院畢業，2011 年加入精神科，現為青山醫院駐院醫生。

黎文超先生

退休精神科護士長，1976 年在香港接受精神科護士訓練，畢業後於 1981 年赴英國倫敦修讀普通科護理，資歷獲港、英、美、澳、紐多地認可。他是多個專業團體的資深會員，並是香港護理專科學院院士（精神健康）及香港護理專科學院院士（老年學）。服務青山醫院 35 年後於 2010 年退休。

劉育成醫生

畢業於香港大學醫學院，2012 年加入精神科，現職青山醫院駐院醫生。

「青山」代表精神病院，在香港應該無人不曉；中西區的街坊，也應聽聞高街鬼屋的傳說，但知道其前身是精神病院的港人，也許並不多。從高街到青山，說的是戰後幾十年來精神病治療的故事。在鬼屋高牆之內、遙遠的青山腳下，從瘋人院到精神病院，精神科醫護人員走過不少崎嶇的路。

本書的編者都是精神科中人，有他們引領，大家只要安坐家中，就可以揭開精神病院的神秘面紗，認識半個世紀以來本地精神病治療的發展。本書題為《戰後香港精神科口述史》，由於材料主要來自訪談，故與官方歷史不一樣。口述歷史是有溫度的歷史，官方歷史的重點是事件，口述歷史則除此之外，還包含了其背後的人與情。

高街鬼屋（也包括今天東邊街的美沙酮中心）以前叫癲狂院，員工避諱，故稱「大院」。戰後初期，本港精神科的開山祖師葉寶明在此坐鎮，引入不少新的治療方法，如打胰島素令病人昏迷，或以鋼針經眼球側插進以進行前腦切斷手術。這類治療早成絕響，還有當年外國人為之嘖嘖稱奇、非常本土的「縮陽」症，亦不復見了。

本書囊括了不同流派的人物：葉寶明醫生師承英國著名的 Maudsley 精神病院，屬少林寺；本地精神科護士元祖──夏應生先生留學於 Horton 病院，着重康復治療，可算是武當派的。那麼，1961 年青山醫院開張時，少林與武當又如何雙劍合璧，成就了我們的青山劍法呢？青山那江湖，臥虎藏龍，還有職業治療師、臨床心理學家和醫務社工等負責不同工作範疇的成員。

出少林寺要打木人巷，離開青山路途也艱險，病人出院後要重投社會，在 1960 年代可說是孤立無援。那時候的病人能過「新生」，全賴劉曼華醫生。劉醫生屬青山俠醫，不但肯收留無處可去的病友，還在青山醫院旁邊創建「新生農場」，提供工作機會給離院病友。新生精神康復會和香港心理衛生會，都是與青山一起成長的志願組織。

　　精神病院的主角，其實是病人。本書未能訪問病人，有點美中不足。不過，書中卻有提及南海十三郎這號人物，從高街到青山都見其身影，可說是病院的台柱。工友與病人接觸頻密，最能反映病人的日常生活。本書非常難得地找來了曾在高街工作的鍾旭秋夫婦，為早期病人的起居飲食等生活點滴，添上一筆，讓我們知道醫院伙食之「差」，古今同例。

　　高街的舊院現只剩下外牆供人憑弔，但說好的鬼故事呢？戰後曾在高街精神病院工作過的員工，包括醫生、護士和工友，卻未聞病院鬧鬼。高街「鬼屋」之名，恐怕是 1960 年代後添加的。

　　青山醫院於 2006 年完成重建，是現代化的宏偉建築。半個世紀過去了，「青山」原不老，白了的只是少年頭！

黃歧
東區尤德醫院急症室顧問醫生

與時間競賽

五年前左右，香港第一代的資深精神科醫生及護士相繼退休，赫然發覺原來如今這一代人對他們一概不知，甚至連我們的開山祖師──葉寶明醫生也從未曾聽過，更遑論認識他們對精神科發展的影響了，這實在是令人痛心。

這亦令我萌生了要在自己任職的部門作一些討論及推介精神科歷史的想法。於是，我邀請了一些已退休的教授到醫院講課，但這只限於一時一地，亦只及我身而止。何況，我亦將於 2017 年退休，在有限的時間內，難以作深而廣的論述。

有見及此，我便開始構思出版一本關於本地精神科歷史的書。起初我還有點卻步，心揣或許坊間已有；但是經過一翻搜尋過後，發現芸芸專科中，唯獨精神科沒有類似書籍。我也有想過或者應由專科學院去寫？但學院寫的一般都會側重大歷史、正史，而忽略了很多扣人心弦的人和事。

香港人的時間步伐之快實在令人驚奇，尤其是現在醫管局的管理文化，凡事講求新、快、省、電腦化、制度化，舊的一套極速消失。即使是要尋找數年前的資料也不容易，更何況數十年前的資料。因此這巨大的任務和承擔令我猶豫了一段時間。

捨我們其誰（If not us, who?）

列根總統是美國史上最偉大的總統之一，他的座右銘是 "If not us, who? If not now, when?"（時不我與，捨我其誰？）我接觸到這名句時，像受到電擊一樣。本書的

出版確實是不能等了，拖下去只會更難，甚至做不成。

如果等待他人去做這些吃力不討好的工作，無異於守株待兔，所以兩年前我便決定要出版此書。而我首先做的，就是從自己工作的青山醫院中開始去找志同道合的人。

黎文超（David Lai）在退休前是我的同事。他不單在精神科護士界中有資深豐富的經驗、消息亦很靈通，已退休的他更可以為編寫工作投入較多時間。

潘裕輝是現任精神科資深護師，對精神科有其人文關懷和了解。他剛出版了關於精神科與電影的書，他於寫作與出版的經驗，絕對能大派用場。

同時，我亦很希望有多一些青山醫院之外的人參與，可為我們帶來其他專業意見和經驗，於是我找了潘佩璆醫生、職業治療師陳小冰小姐，還找回新界西護理總經理陳木光先生及醫院護理總經理梅杏春女士。

最後我找到兩位年輕醫生，我看過趙穎欣醫生的部落格（blog），她行文流暢；劉育成醫生更加是一位書法家，雖然還年輕，但已有大師級的風範。

我想，這應該是一個很紮實的團隊了。

出甚麼書？

我們都明白推出正規歷史書是不容易的，還是留待專科學院去做吧。可是，雖然本書不至於是正史，但仍然力求資料正確及準繩；其實，要做到完全客觀是不可能的，亦不應該，畢竟我們都是局內人，我們都被這個時代牽動着。可是，我相信讀者反而希望我們從局內人的目光，介紹精神科給他們這類局外人知道。

我們並不打算歌功頌德，歌功頌德令人覺得肉麻骨痺，我們也不會迴避黑暗面，又或者刻意尋找黑暗面。兩者我們都不會做。

初時我們想過由香港開埠說起，但這是一城的漫長歷史。最重要的是，這有需要嗎？大家都知道香港的現代歷史是由第二次世界大戰之後開始的。再者，戰前和戰後的香港，不論在政治、社會、民生風氣，各方面都截然不同。更重要的是精神科的開山，的確是在戰後，就在香港政府決定建青山醫院一刻，所以我們決定本書就從戰後的香港精神科起步。

那麼，各個精神科專科，我們會不會全都寫呢？為了防止出現顧此失彼、掛一漏萬的情況，更為了將書本簡單濃縮化，我們決定不會寫盡各個專科。

書的成形

香港於 1945 年 8 月 15 日重光，到現在已有七十多年了。我於 1981 年加入精神科，至今 36 年了。關於精神科的發展，有的是我自己親身經歷過，有的是道聽塗說的，入行前五至十年的事蹟亦略知一二，至於 1970 年以前的歷史對我們來說則是一片空白。現在既然無論是醫生、護士或其他相關範疇的專業人士，都還有第一代的人健在，那最佳的方法莫過於去登門造訪，讓他們對當年的情況現身說法。

於是，我們分成幾個小組，去訪問這些前輩，將他們的訪問錄音及我們作的筆記，整理成文字，經他們過目改正後，再歸納寫文章，並作出編輯和修改。2015年，適逢精神科護士的祖師爺夏應生先生由加拿大回

港，於是我們一系列的專訪便由他開始。他回到青山醫院探望朋友，訪問亦在青山醫院展開。至於最後的訪問則是在 2016 年的冬天進行的，以訪問葵涌醫院的沈秉韶醫生作為圓滿句號。

很多謝各位前輩的支持，過程中並沒有太大的困難，有的只是熱情的招待。

一張照片勝千言

「一張照片勝過千言萬語」（"A picture paints a thousand words"），但偏偏我們最缺的就是照片，每一個我們訪問過的前輩，當我們問及他們有否照片可提供時，答案竟是如此相似：「搬家太多，遺失掉了！」幸好有遠在澳洲的前青山醫院院長陳庭揚醫生，他提供了不少 1950 年代的珍貴相片。因為他是攝影發燒友，有一些作品還真的可以稱為「沙龍」呢！

另外，我們亦邊採訪，邊攝影，又由其他渠道取得不少舊照片，真是幸運。

青山醫院選址

我們發現了幾個很重要的議題。其一，誰是策劃興建青山醫院的幕後功臣呢？種種跡象都指向第一位華人醫務衞生署長，他具有時代的遠見，大膽向港督葛量洪（Sir Alexander Grantham）提議，之後便開始找地方、覓人才、定圖則等等。

有關青山醫院選址一事，亦有傳說，當時葉寶明醫生與香港高官乘車來考察，正好在此山處人有三急，高官在這裏找個陰涼的地方小解，一抬頭，便發覺此地十

分適合興建醫院。此傳說故事性極強，可信性則偏低了。

師承何宗？

還有一個問題，對於我們這些葉寶明醫生及夏應生先生的後輩，我們關心的是：我們屬於何宗何派？

葉醫生在 Maudsley 畢業，Maudsley 醫院是英國精神科的少林寺。它重臨床、重實用、重綜合。另一方面，夏先生獲當時香港政府的資助，被派往英國 Horton 醫院接受訓練。Horton 醫院重復康、重活動、重對病人的關心及照顧。這兩門派別的學說與葉醫生的理念互相補足，亦很切合香港的醫護和病人之間的關係。

希望

本書只是一個開始。

我們希望以後會有有心人於不同範疇，再進一步深化研究下去，例如各專科史、戰前史、治療史等等，都是很值得研究亦是很有趣的課題。

寄望有心人。

李兆華

老人精神科顧問醫生

　　1980 年的春天，我告訴任職護士的女朋友（也就是今天的老伴）說：「我決定完成實習後，進修精神科。」她望着我，神色凝重，隔了半晌才說：「你要考慮清楚啊！」我無言以對，這是因為精神科在當時是一門相當「冷門」的學科。每屆醫科畢業生之中，一般只有三、四人會主動選擇精神科，而其他大多數入行者，竟都是「被迫」的。那麼，當初我又是為甚麼選擇了精神科呢？

　　其實剛離開大學，甫踏上事業之路的我，對社會認識十分有限，因此作此決定的時候，只簡單地考慮了幾點。首先是個人興趣，我喜歡觀察人，也喜歡思考關於人性的問題。在大學時，精神科給我的印象，是專注人的心理與行為，亦很有挑戰性，因此覺得這一科很適合自己。第二，當時精神科在香港仍然是一片「處女地」，服務規模十分有限。然而，這也意味着加入這個行業，未來發展的空間會比較大，升職的機會可能會比「熱門」的學科高。第三，當年香港市民普遍抗拒精神科，即使有病，也不願意求醫。但觀乎其他發達地區的發展過程，這種負面態度都會隨着時間過去而減弱，因此預計精神科服務的需求，定會逐漸增加。於是我就抱着這樣簡單的想法，「膽粗粗」地去叩施應嘉教授的辦公室大門，請求他收留。承蒙教授不棄，我得以加入瑪麗醫院大學精神科，展開了漫長的精神科醫生生涯。

　　當年的精神科，是各醫學專科中的「灰姑娘」，職位少，資源少，得不到應有的重視。記得那時雖身在香港大學的教學醫院，但精神治療學系仍受到其他「主流」大系擠壓，往往分不到應有的人手和資源。今天，情況已大不相同，無論是在大學，還是在醫院管理局轄下的

公立醫院，精神科都能夠與其他專科平起平坐。現在，精神科更是「熱門」之選，每年招收有志入行的新醫生時，大家都是要「爭崩頭」才得以進入的！

1982 年爆發的「元州邨事件」，是香港精神科發展史上的一個轉捩點。當年 6 月 2 日，一名精神病患者殺死自己的母親和妹妹後，衝入一所幼稚園，用刀殺害及斬傷多名教師及學生，慘劇震驚整個社會。事件迫使政府不得不正視精神病患者治療和康復服務的需要。三十多年來，政府及各社會服務團體，積極發展各種精神治療及康復服務，令精神病患者能夠得到更適切的照顧。

1982 年秋及 1985 年春，我跟隨師兄師姐們的足跡，遠赴英倫，參加英國皇家精神科醫學院院士資格考試。當年，香港並沒有自己的醫學專科學院，也沒有專科醫生的註冊制度。若有志成為精神科醫生，只能到英國及澳洲等地考試，以取得當地精神科醫學院院士的資格。在香港受訓的醫生，因語言、文化差異，再加上長途「遠征」，實在是比較吃虧。直至臨近回歸，香港醫學專科學院成立，各科醫學院才開始舉辦本科的院士資格考試。當中，香港精神科醫學院負責舉辦精神科的專業考試，並邀請英國和澳洲及新西蘭皇家精神科醫學院派出考官，參與香港的考試，以增加本地資格在國際間的認受性。二十多年來，這些外國考官對香港考試的水準評價甚高。近年英國皇家精神科醫學院更與香港精神科醫學院合作，在香港舉辦英國皇家精神科醫學院院士資格試，以方便來自東亞地區的考生。

1988 年春，我幸運地獲得英聯邦醫學獎學金，舉家遠赴英倫，進修了一年半。這次深造，確實令我眼界大

開，除了有機會在英國西北部曼徹斯特實地參與臨床工作，認識當地各種精神科服務外，更有機會學習如何進行精神科的醫學研究。

原來從事學術研究，對於一個醫生的成長，意義相當重大。醫學研究讓人學會如何批判性地思考和發掘問題，建立自己的理論，並設計實驗加以驗證。當實驗有了結果後，研究者要仔細分析數據，以確定當初的理論是否成立，並了解實驗本身的不足之處。因此，從事科學實驗有助建立獨立思考和分析醫學問題的能力。過去，本地醫學專科訓練忽視科學研究。然而回歸前後，香港精神科醫學院制定的院士資格考試，開始要求考生要撰寫一篇原創的學術論文，並以口試方式就論文內容答辯。這大大推動了香港精神醫學的進步和發展。

以上所說，不過是個人從醫生的角度看精神科的發展，然而整個精神科服務，是靠不同專業的同工一起配合，以團隊方式，提供全面的服務。從前輩的訪談中，我們得知，護理、職業治療、臨床心理等專業，都在不斷進步，不斷自我完善。

我經常在週末踏自行車，從粉嶺出發，經大埔，到沙田，然後南下大圍。這條單車徑風光明媚，穿過山谷、田野和農家。沿途但見幾條溪流，陸續匯集成細小的林村河。小河一直向東流，沿途吸納支流的水，來到大圍，河面越見寬廣，河水浩浩蕩蕩地向東奔流，來到吐露港，最後融入大海。

其實百年來，香港精神科的發展，不正正像這條林村河嗎？前輩們的親身經歷，說明香港精神科的起源，原來相當微小。然而隨着時間，精神科的專業隊伍逐漸

壯大，分工越見細緻，用以治療和協助精神病患者復原的方法越來越多，也日趨精良。於是，患有精神病的市民不再躲起來，不再諱疾忌醫；而是積極尋求專業的協助。這一切發展，都是得來不易的，是靠每一位從事精神科服務的人員，不論是醫生、護士、心理學家、職業治療師、醫務社工、物理治療師、健康助理員，還是支援職系的同事，大家努力做好自己的工作，盡力發揮，互相配合，令患者得到最好、最全面的照顧。只有這樣，精神科才得以不斷發展，不斷壯大！

潘佩珍

前聯合醫院精神科顧問醫生

　　2012 年的 7 月 1 日，我剛剛完成實習醫生的訓練，事業正要踏入另一個階段。還記得上班的第一天，我穿起一身筆挺的恤衫西褲，在熾熱的陽光中，耳邊聽着蟬鳴鳥唱，隻身穿過保安更亭的兩道閘門，慢慢步進青山醫院。還未開始工作，首先交到我手中的，是三件能確認身份的信物：一把鎖匙、一張職員證，以及一個原子印。沒有了它們，我只是一個沒有醫生身份的我，而沒有了那串鎖匙，我只是一個訪客，什麼地方也不能輕易通過。要知道，在一間封閉的醫院內，每一扇門也是需要用電子鎖匙來開啟的。

　　時光如流，初出茅廬的小伙子，在這圈子裏已打轉了幾個年頭。前人笑言，精神科的訓練可以被劃分為四個階段：「古」、「靈」、「精」、「怪」。「古」是指在培訓初期，醫生的主要學習是治療過程中的標準指引 (guideline)，所以運用起來不免古調嚴肅。「靈」是指當經驗慢慢累積，手法開始純熟，故能靈活多變。「精」是精研 (subspecialization)，即一位醫生對普遍病症已經處理得游刃有餘時，開始對某種疾病或某類病人作深入鑽研。而「怪」是笑指一些醫生的醫術已達到爐火純青的階段，所以偶然會突破常規，但往往卻能出奇制勝。用以上的尺子在身上一量，自問經過三年的培訓後，自己的確看懂了指引，已停留在「古」與「靈」之間了。

　　在每天的工作中磨練，快樂總比困惑多，可惜在繁重的工作裏也有迷失的時候，要是仰望前路，會有一種夜裏挑燈的感覺，因為在這小小的立足點上，要嘗試窺看將來的發展，實在不比看水晶球來得容易。但是回望過去別人走過的路，卻是一種踏實，因為每一位前人

都那麼真實的活過，而且他們的工作也正影響着今天的運作，所以這一種回首是重要的，它除了能讓人認清本位，也能對前人傳達出一份尊重。

在一個機緣巧合的下午，我推門進了青山醫院歷史文物館，那裏的資料、文物記載着青山醫院自 1961 年開院以來的發展，那發展是多方面的，其中包括職業治療、護士培訓、醫學治療及各種配套設施的進步。在那芸芸的玻璃展櫃裏，還放着一把鎖匙，歲月已為它披上一層鐵鏽，當串在一起時會發出「叮叮」的碰撞聲，牌上寫着「舊青山門匙」。當時我的手往口袋一探，輕觸那屬於我的電子門匙，新舊一代的對立面出現了。然而，兩物雖小，但它們所記載着的時代以及當中印證的發展，卻是深刻和別具意義的。就在這強烈的感受下，我問香港精神科的發展是怎樣的？我問當我站在巨人的肩上，那些巨人是誰？他們的工作如何改變了香港人的精神健康？我問是一個怎樣的機會改善了整個醫療系統，方可使我得以將這電子門匙握在手中？

我在 2015 年有幸被邀請參與這本香港精神科發展史的江湖回憶錄，成書期間能夠親臨或閱讀多位在精神科發展上舉足輕重的人物訪談，他們包括香港精神科的先驅教授、第一位向外受訓的精神科護士、引入職業治療的先鋒人物、心理學家、社工，以及非牟利機構的創辦人等等。雖然他們的涉獵範圍各不相同，可說是五光十色、大放異彩，但是正正是這一股服務病人的熱誠及一顆單純的赤子之心，又把他們連在一起，組織成一個稜鏡把這些彩虹般的繽紛異彩匯聚成一道強而有力的白光，繼續像燈塔般把前路照得光明洞徹。

香港的精神科發展由昨日只作囚禁的瘋人院，蛻變成配備現代化醫療設備的多元病院，並非一朝一夕的易事。回首過去，令我們找到了事物的根，感謝前人為我們翻土下種，而日後這顆小幼苗會長成怎樣的大樹，還有賴上天的陽光、大地的養分和時人的照料灌溉，在此寄望香港精神科的發展繼續在這匯聚天時地利人和的時勢中穩步向前邁進，也感謝所有現在於精神科領域中默默耕耘的朋友。

劉育成

青山醫院駐院醫生

左圖｜攝於約 1960 年代初，高街精神病院。（陳庭揚醫生提供）

右圖｜原址已重建，現只留下外牆。（李兆華醫生提供）

一、綜論

香港開埠於 1841 年，至今已超過 170 年。這一整段歷史又可簡約地分為戰前、戰後及回歸後。戰前和戰後之間有三年零八個月的日佔時代。

強調這樣的劃分，是因為筆者相信戰前與戰後的香港在很多方面皆全然不同。

本書將聚焦於 1945 年戰後的發展，我們尤其希望可以探討各種相關服務的發展，究竟由何人推動？因何發生？為何這樣發生？而這些發展與本港、中國大陸或是英國，甚至世界的關係為何？當中精神科醫生及各專業的推動力為何？這些都是我們有興趣及嘗試給予答案的課題。

因為本書只是一小撮人的努力，內容自有不足，希望讀者原諒。但這亦可以免卻一些官方的繁文縟節，歌功頌德，或只看建築、忽略人事的弱點。總之，我們希望以後精神科學院或各大精神科醫院可接力。撰寫正史的責任就交給他們了。

因為資料不全，我們唯有訴諸理性的推理，試圖整理出一個有秩序（coherent）的歷史圖像。或許未能做到全書皆為準確，但太史公又何嘗曾經親身聽過西楚霸王臨別前的歌嘆呢？

二、戰前的精神科

欲說戰後，還得由戰前說起；由戰前說起，則又必須由開埠說起。

回說 1841 年，鴉片戰爭害得滿清割讓香港。本來英國只是將香港作為一個前沿的中轉商埠，並沒有發展它

的意思，一切都是不經意的。香港政府的消極，可以由其早期並沒有僱用政府醫生可見。政府之所以開始聘用政府醫生，是因為英國人在香港容易感染水土病——香港熱病（Hong Kong Fever），這應是一種傳染病。直至1875年，香港才有真正安置精神病人的機構。

在1950年代之前，人類有很多疾病，包括各種精神病，都是由病菌感染引起的。那時候譫妄症（Delirium）尤其流行，不少病人不治而離世，例如產婦在生產後，若果傷口發炎，便有機會患上譫妄症。另外，香港是海港，水手和軍人特別多。因此，各種性病也不少，其中有很多是因為梅毒上腦引發的各種精神病，如General Paralysis of the Insane (GPI)。筆者曾看過精神病人的生死冊，這些都確確實實記錄在冊中。

戰前，政府對精神病人的服務，都充分顯示殖民地政府的思維。對英國人、西人有優待；對華人、本地人則只提供最低程度的服務。西人患上精神病，會被短暫安置於中區監房內，以便盡快遣返原國，再接受治療；若病人是華人，則會被囚禁於東華醫院地牢的癲房。在這暗無天日的地方，有些病人更被鐵鏈鎖住。他們並沒有接受任何精神治療，只待遣返中國的家鄉。服務就是如此的中西不平等。

1875年，第一座臨時癲人院設於荷李活道（後期是已婚警察宿舍，即現今的PMQ）。至1884年，政府為西人設立一所精神病院於般咸道（現在是地鐵出口）。到1891年，政府才在東邊街設立華人癲房。自此，華人才開始得到較人道的對待。

直至1906年，香港通過《癲人院條例》（*Asylums*

Ordinance）。這是政府首次立法將精神病人的羈留及照料形式化，而西人及華人的癲房亦合併起來，並附屬於國家醫院。

1937 年，瑪麗醫院成立，位於（高街與東邊街交界）國家醫院的護士宿舍亦撥分給精神病院作為女病房之用。至此，域多利精神病院（Victoria Mental Hospital）有四個男病院及一個女病院，合共 84 張病床，治療服務由一位非全職的普通醫生提供，可見政府並不重視。精神病院雖然獨立，但精神科專業仍然無從說起。

自晚清開始，中國社會大亂，加上內戰頻繁，引致不少難民來港。香港人口大增，繼而引致精神病院過於擁擠，為後來精神科醫院的擴展帶來契機。

David Tench Rehabilitation Centre
Bonham Road
Hong Kong Psychiatric Centre

雖然如此，政府初時並不打算擴展精神科服務。一來難民只是短暫留港，二來由於廣州芳村的惠愛醫癲院與香港政府有緊密聯繫，部分病人會被送至廣州作中長期治療。因此，當時政府並不認為有興建大型的精神科醫院之必要。

三、日佔時期的精神科服務

1941 年聖誕節，日本正式佔領香港，開始了三年零八個月的悲慘時期。期間，日本佔領軍政府殘暴不仁，本書其中一位受訪者施應嘉教授，當時在港目睹過不少慘劇，可幸他成功逃至澳門。

現在容許筆者介紹一下戰前最後一任的醫務衛生署長，他是司徒永覺（Percy Selwyn-Clarke，以下稱 SC）。他生於 1893 年的英國，第一次世界大戰時曾在法國的戰場受傷。1919 年他自願到非洲當殖民地醫官，一做便是 17 年。其中的辛苦自不為外人道。1937 年港督羅富國（Sir Geoffry Northcote）指明要他來香港，他帶同結婚兩年的太太及一歲女兒來香港。當時港英政府已知道日本可能會進攻香港，他的首要任務是協助港督防衞香港，希望可以守住香港 130 天。他擔任的工作主要是囤積作戰物資包括食物及醫療用品，以及防空設施的建立，還要應付大量逃港的中國大陸難民。

1941 年 12 月，日軍進攻，港府只抵抗了 18 天便於聖誕節投降。SC 問准港督便與日方商討香港日佔時期的醫療服務。日本因為恐怕大戰後的傳染病肆虐，尤其是天花及霍亂。而且日本的首席軍醫與 SC 是舊相識，便交託 SC 繼續肩負起香港的醫療服務，包括精神科服務。

筆者曾經翻閱過精神科的死亡冊。日佔時期仍有精神病人的死亡紀錄，絕大部分都是因營養不良或腳氣病而死，但筆者認為這些人其實是餓死的。

SC 的職位一直維持至 1943 年中。後來，日軍把他單獨囚禁，達 19 個月之久，並且連續十個月對他施以毒打，其中還包括水淹（指頭部按進水裏）。SC 被打至背部及雙腳變形，還要忍受各種精神虐待。

現在我們極難想像 SC 如何渡過這些艱難歲月，不過我相信這囚禁經歷能使他對精神病有所體會，及積極推動精神科服務。戰後，他繼續擔任醫務署長至 1947 年為止。

接下來，筆者要介紹另一位醫務署長楊國璋醫生（Dr. Yeo Kok-cheang）。楊國璋醫生是馬來西亞華僑，生於 1903 年的檳城。童年家貧，但他天資聰穎，熱愛體育及舉重。他畢業於香港大學醫學院，之後在英國利物浦劍橋大學修讀公共醫療。

左圖｜攝於東華醫院楊國璋樓（李兆華醫生提供）

右圖｜楊國璋醫生，攝於東華醫院楊國璋樓。（李兆華醫生提供）

有一個故事是這樣的，身在英國的楊國璋受聘往香港為醫官，到達香港後，香港同僚發現他的待遇等同於西人，當中包括高薪及每四年便有九個月假期回英國的頭等旅行津貼。殖民當局這才發現技術上的出錯，但以英國不會食言為理由，繼續給予楊國璋西人待遇。楊國璋為報知遇之恩，自此成了港英政府的忠臣。他在 30 歲時結婚，太太是何東爵士的女兒何孝姿（Florence Ho-Tung）。

1943 年，SC 知道自己將被日軍拘捕，便去找楊國璋。當時楊正打算回中國大陸暫避，但 SC 懇求楊留下，以維持香港的醫療服務。走筆至此，筆者亦不免要感恩兩位英雄的偉大及捨身的情操。現在香港還有這種人嗎？

楊最後留下了，可惜不久亦被日軍的「蓋世太保」拘捕。楊亦一樣遭單獨囚禁及毒打，可幸的是他只因禁了兩個多月便獲釋放，我可以想像楊身心受摧殘時的痛苦。這也應該是戰後他積極推動興建一所一流的精神科醫院的動力，是一種推己及人的巨大動力。

1952 至 1958 年，楊國璋當上了醫務署長。退休後，他去了英國，在英國一所精神科醫院進修，並成為了精神科醫生，更行醫達 10 年之久。這應該是香港精神科有史以來官階最高的精神科醫生（但是在英國工作）。

楊國璋醫生於 2004 年去世，享年 101 歲。

順帶一提，戰後，時勢大逆轉，日軍淪為階下囚。精神病死亡紀錄冊中有數個日本人死於腳氣病（腳氣病是因營養不足引起，醫學原因是維他命 B 不足，常見於戰俘）。

四、青山醫院的成立

戰勝日本，香港重光之後，英國暫時以軍政府形式管治，首要任務是維持秩序以及重建正常社會。九個月後，英國文官政府恢復管治，政府委派楊慕琦（Sir Mark Young）擔任港督，可是楊慕琦身體經受日本的摧殘後，已大不如前，故只做了一年港督便離任，及後由葛量洪（Sir Alexander Grantham）接任港督。

葛量洪於 1899 年出生，18 歲便正式成為殖民官。在 1922 年至 1934 年，他在香港服務，所以對香港認識甚深。1947 年接任港督後，他有兩大任務。對內，要應付大量難民、重建經濟、恢復社會秩序；對外，要因應中國大陸快速發展的情況而作出調整。當然，其中亦包括反思為何香港在 1941 年會快速戰敗？原本預計可以抵禦 130 天之戰役，卻在 18 天後便敗陣投降。

葛量洪經分析後，得出戰敗的兩大內部原因，一是印度兵的投降；二是本地華人不為港英出大力，有些甚至在日佔時期過度與日本合作。

反思的結果有二：一是以後不再重用印度人，戰前的印度大頭綠衣警察地位介乎白人與華人之間，如今風光不再，代之而起的是華探長；另外是商人幫派大洗牌，那些在日佔時期過分傾向日本的，港英政府不會再與之合作，而且與二戰前崛起的那一大班買辦亦是漸行漸遠，於是另一批華人商界領袖便乘時而起。

對外，葛量洪將香港定位為西方社會的轉口港，保持政治中立，不刻意反對中國大陸，更與中國保持一定程度的互諒互讓。對內，葛量洪進行本地化（華探長為一例）政策，但他拒絕香港民主化，這於當時情況確為

非常恰當。另外他應付數次暴動的方式，剛中有柔，很快便恢復了社會秩序。

當時香港的情況的確是困難重重，例如石硤尾發生大火後需要快速興建大量公屋，葛量洪行事果斷迅速，不消數年，便已經在石硤尾、大坑東、李鄭屋建了近百幢徙置大廈。

就在這樣一個百廢待興的背景下，青山醫院仍是建立起來，還要是當時亞洲區最大型、設備最完善的精神科醫院，這又如何做到呢？這就關乎三股力量的交集了。

第一，就是社會的力量。戰後香港人口急升數倍至接近 200 萬人。然而，高街病院只有 200 張病床，供應遠遠不足。再加上把病人送往廣州芳村接受治療的道路行不通了（一來中國政治環境不容外來病人，二來戰後珠江水道仍有不少水雷，水道太危險），精神科沒有了安全閥，引致大量精神病人滯港。

第二，政府外部的呼聲。當時有兩位立法局議員推動力甚大，歷史上應記他們一功。一個是周錫年爵士，他是香港首位耳鼻喉科醫生，再加上他的家族身份，在華人社會上很有地位。他熱心參與各項公益公務活動。戰後在立法局，他屢次發言支持建立新的精神科醫院。另一位是西人 Mr. Gillespie，他曾經在一戰時當兵並成為戰俘。二戰時他在香港經商，亦為日軍所捕，被關入集中營。可幸的是他於 1943 年一次交換戰俘計劃中得以提早獲釋。戰後他擔任香港總商會主席，大力支持建立新的精神科醫院。精神病患者來自不同階級，當中雖以貧者居多，但富者亦有機會患上，而一旦患上卻要在此惡劣環境下接受治療，甚不理想，所以在公在私，他們都

有理由大力推動。

第三，港英政府的推動。其實戰前已經有呼聲，並有計劃興建新的精神科醫院，但當時政府並不積極。為何於戰後百廢待興之際，卻如此大力興建呢？我相信這與戰後三位醫務衞生署長有關。前文已提過 SC 及楊國璋皆曾經為日軍階下囚，受到極不人道的各種殘酷待遇，身心受盡凌辱。他們應該可以理解身體、精神與心靈三者皆同樣重要，所以在其任內積極推動並不為奇。其中貢獻最大的應該是楊國璋，他於公共醫療所受的訓練尤其重要。他不但將精神科服務歸為公共醫療建設之一，並視之為與防止各種盛行傳染病同樣重要的事項。

葛量洪的回憶錄中記載着他與楊國璋互相禮讓為新精神病院命名的事情，此為旁證之一。當然，最後還需要得到港督的支持，尤其在那個年代，興建新的精神科醫院為華人社會服務，可以安穩社會。這是葛量洪施政的中心思想，他會「開綠燈」亦不足為奇。

及後幾次重大的精神科服務發展，其實亦是此三大因素再次結合的成果。

然而，千里之行始於並非起樓，而是聘用人才，這亦可從中窺見當時港英政府的全盤思想及遠見。

1948 年，當時的醫務署長 Dr. Isaac Newton 聘用了葉寶明醫生（Dr. Yap Pow Meng）為香港第一位真正的精神科醫生。傳說是 Newton 與葉寶明在遠洋郵輪上認識，並即時聘請葉的。這傳說頗為浪漫，亦切合葉寶明熱衷旅遊的性格。但此乃事實與否，並不可考，只知道葉寶明是在外國接受 Newton 聘用的。

葉寶明醫生生於 1921 年，他是馬來西亞客家華僑。

祖籍台山，家族在馬來西亞地位顯赫，祖父葉觀盛熱心公益及教育，是吉隆坡最後的「甲必丹」（Capitan，地方上的非官方有勢力人士），現在吉隆坡唐人街的四仙廟中有葉觀盛的遺像，供後人瞻仰。

葉寶明資優聰明，學業優異。中學就讀當地名校，他狂熱地投入學校各項活動，包括辯論會、地理學會，擔任學社社長、游泳隊隊長，他亦是學校雜誌的副編輯。他常說：「若果不用睡眠、沖涼、吃飯，該多好⋯⋯因為時間實在不夠用。」後來他在香港的行為舉止亦印證了他這一說法。據老員工說，葉寶明不會出外理髮，只叫員工替他修剪。而在剪髮的時候他還在讀書。傳聞他連上廁所時亦是手拿着書本的，總之是書不離手。

1939年，他往英國深造，到劍橋讀醫科。他是屬於幸運的一小群，因為不用在戰場當兵或受戰火波及而流離失所。他於1946年畢業，之後再往精神科的聖地Maudsley醫院深造。1948年取得精神科專業文憑，旋即被Newton聘用來港了。

成功聘請到葉寶明醫生來香港，是香港的幸運。他是一個學識淵博，師從正規，充滿創新思維及熱誠的人，而且能幹又勤奮。

Newton交給葉寶明的任務不是興建醫院，而是引進

左圖｜吉隆坡四仙廟（李兆華醫生提供）

中圖｜四仙廟內

右圖｜葉觀盛

各種類型的治療方法。他確是不負所望，在高街精神病院內開始引進各種新治療，包括胰島素休克治療（Insulin Shock Therapy）、腦手術（Leucotomy），以及腦電盪治療（Electroconvulsive Therapy, ECT）。

　　戰後精神科服務的確進入了一個上升期，不同種類的醫療方法紛紛湧現，令到精神科充滿希望。1950年後更有各種精神科藥物面世，包括醫治重性精神病的藥物、抗抑鬱藥物、鎮靜劑、安眠藥等等。至此，精神科的形象已大幅改善。

上圖｜青山醫院正門前闢
（李兆華醫生提供）

下圖｜青山醫院正門花圃，
正中白色建築物為青山醫
院行政樓。（李兆華醫生提
供）

與此同時，港英政府亦着手興建精神病醫院，當初選址有荔枝角山、九龍醫院現址及港島南區。但因一開始便打算興建一間亞洲最好的精神病院，故此需要很大的面積，最終找到青山小坑村旁的地。

　　據筆者觀察，以前的精神病醫院選址雖較偏遠但都有交通可達。青山小坑村也是遠離市區很遠，但又有青山公路可達，條件適合。接着便是水電的考慮。當時虎地有水站，這又解決了部分問題。選址為一小山丘，亦可免卻水患，而且地價便宜（因為不是耕地）。還有一點，這項宏偉的政府建築物，旗杆上代表英國權威的國旗遠近可見。據老工友說，即使遠至屏山，也可看到。

　　購地計劃由 1953 年開始，共需要三十多英畝土地，當中大部分為小坑村馮姓人家所有。過程如何不得而知，但馮氏祖墳至今仍留在青山醫院範圍內，位置極佳，並保存得十分完整。此事甚少人知道。

　　相傳保持馮氏祖墳完整及清潔是賣地條件之一，老職員說早期馮氏後人皆定期僱人清理及拜祭。又有傳說醫院盤據的地點有完整的龍脈，龍頭、龍身、龍尾都

左圖｜法醫精神病房外
（李兆華醫生提供）

左圖｜港督柏立基爵士主持開幕典禮（陳庭揚醫生提供）

在，這可能便是馮氏不願搬遷祖墳的原因之一。

青山醫院建築群分為兩類，一類為醫院本體。另一類是為數不少的宿舍，包括院長的西班牙式別墅、數層樓高的高級單身及已婚護士宿舍，還有其他職級的員工宿舍、俱樂部等等，儼如一個小部落。

1981 年，筆者加入了青山的大家庭，其中一個原因的確是因為它有宿舍，而且有大家庭氣氛，於同事間的磨合起到一個良好的作用。這種大家庭氣氛一直維持至 1980 年代末就消散了，誠可惜也。

進入青山醫院本部，可見左右各一排男女病房，當中隔着辦公大樓、禮堂及職業治療部。病房是 T 型的兩層建築物。男女病房及兩層 T 型建築皆是英國維多利亞時代的設計。禮堂及職業治療部則是響應當時世界精神科的康復潮流而設計的，在當時來說是非常先進的。

1961 年青山醫院正式開幕，當時港督葛量洪已離任，由港督柏立基（Sir Robert Black）主持開幕典禮。這可謂前人種樹後人乘涼。

五、葵涌醫院的興建

1961 年開始，青山醫院全面啟用。首位院長是葉寶明醫生，總護士長是夏應生先生。夏先生亦深造於英國精神科醫院，並將他們的復康治療理念應用於醫院，他對護士要求甚嚴格。其後更出任護士學校校長，為本港精神科護士的開山祖師。

因為國內的形勢動盪，香港經歷數次難民潮，而人口亦猛漲至二百多萬人。青山醫院病床的數目雖於 1966 年增加至 1,240 張，但仍不敷應用。

同時期，新生精神康復會及香港心理衞生會亦先後成立。

新生會由始至終皆為病人出院後的各項復康需要而服務，尤其是住宿及就業方面。它的創會人當中有一位很熱心、開朗、開明、積極的劉曼華醫生（Dr. Stella Liu）。

Ms Corrine Yip and Dr Stella Liu

左圖 | 手持香煙的就是劉曼華醫生，豪氣！（陳庭揚醫生提供）

正如施應嘉醫生所說：「Stella 是小女子辦大事」，她貢獻了她的青春及精力於公益。老員工說她甚至收留無家可歸的病人於家中，亦曾聘用數名出院病人在家幫忙。

心臟科醫生鄔維庸醫生（Dr. Wu wai-yung）亦為新生會貢獻良多。

心理衞生會的主要發起人為葉寶明教授和教育家何艾齡（Irene Ho-Tung，何東爵士五女）及數位社工。社會精神教育是這個會的強項，當然亦有康復服務。

隨着人口不斷增加，而香港市區的面積卻太小，由 1960 年代開始，香港便推行衞星城市計劃，即是在市區外圍，以新界為主，建立起一些自給自足的中型社區。這些社區不單止有政府及私人屋宇，還有各種工廠及公共設施。當然亦包括醫院，甚至精神科服務。

可惜的是 1960 年代中後期，香港政治動盪、社會不安穩，所以這些增加精神科服務的計劃延至 1970 年代才可執行。政府亦決定當再出現增加病床的需求時便另建一所醫院，而不是在青山醫院增建。

接着要介紹蔡永業醫生（Dr. Gerald Choa）。蔡醫生 1921 年出生於香港，祖籍福建，先祖為香港開埠時的買辦。中學畢業於華仁書院，之後就讀港大醫學院。

1941 年日軍侵略香港，蔡醫生返回內地，就讀齊魯大學，並於 1945 年取得醫學學位。1946 年也於香港取得學位。1947 年往英國深造傳染病學。1950 年代，香港心理衞生會成立，蔡醫生亦為其中一個重要支持者，他應該和葉寶明醫生熟稔。1970 年，蔡醫生擔任醫務衞生署長。筆者相信他是建立葵涌醫院的主要推動者及負責人之一。

蔡醫生亦是中文大學醫學院的創立人之一，他的社區化治療方針配合了當時香港的市區發展。

前文亦提到主要的精神科發展通常要求強而有力的政府推動。剛好香港 1971 年迎來其中一個最好的港督——麥理浩爵士（Sir Murray MacLehose）。他除了成立廉政公署（Independent Commission Against Corruption, ICAC）之外，還大興土木，建公屋、建醫院。葵涌醫院就是在這個大環境之下展開建設的。

1971 年，葉寶明醫生不幸突然離世，盧懷海醫生升任香港精神科的主管。盧懷海醫生在他的訪問中亦有解釋自己當時的作用，便是令香港開始用病人總量及病床比例去推斷實際的病床需要的推手。

至於醫院選址方面，政府打算在九龍市區和新界郊區交界選地。可是，之前的荔枝角山已另有他用，於是便選址在九華徑對開的另一個山頭。政府的目標是在此興建一所大型的醫院，即之後的瑪嘉烈醫院，及一所大型的精神科醫院，即葵涌醫院。

葵涌醫院沒有採用青山醫院般的低層建築，因為地方不夠大，所以葵涌採用的是兩組高層的病房主樓，另加一低座的辦公室及低座職業治療。

下圖｜葵涌醫院（李兆華醫生提供）

當時，盧懷海醫生費了不少心思才爭取到當時最新的治療方法——立體定位腦外科手術。當時認為這對長期及嚴重的情緒病及強迫症有效，並獲得當時英國專家的讚同及肯定。盧懷海醫生更派出兩位得力助手——Dr. Teresa Lo 及勞振威醫生，請他們協助葵涌醫院的興建。時人笑稱之為「The Three Lo's」（三位 Lo 醫生）。

葵涌醫院於 1981 年由麥理浩港督正式揭幕，沈秉韶醫生是第一任院長。此為香港精神科於戰後的第二大成就。

六、安安幼稚園及郭亞女事件 就在葵涌醫院正式開幕的翌年，一件對香港精神科發展影響很深遠的事情發生了。1982 年 6 月 3 日，在長沙灣元州邨，有一位姓李的 28 歲男子，他患有精神分裂症多年，因為沒有準時覆診及服藥，病情復發，有嚴重的幻聽及妄想。當日下午 1 時，他和家人發生衝突，在病情影響下，他在家中用刀殺了他的 46 歲母親及 18 歲的妹妹。跟着他走到位於邨內第四座的安安幼稚園，並進入了幼稚園，由於受到幼童的尖叫刺激，他情緒更加激動。在 5 分鐘內用刀傷了不少師生，最後警察趕至，開槍制服了他。事件引致 6 死 44 傷，當中 4 名死者是小童，傷者大部分是幼稚園的學生。

事件轟動全港，並引起社會的廣泛關注。香港政府隨即檢討各項精神科服務及其他有關的設施。本文不打算討論其他方面，只會集中討論直接影響精神科的各項改變。

事發後，盧懷海醫生立即與各主要精神科醫生討論如何防止類似事件再次發生，在政府與輿論的壓力下，

他們要盡快想出一個辦法。在這個背景下，一個叫PFU（Priority Follow Up）的制度便產生了。

這個制度建基於一些假設，就是有嚴重精神病的病人，假若他們復發，又引致暴力傾向的話，精神科服務便應該盡快作出反應，將他們重納治療。這樣，病人的病才會有所好轉，而暴力事件亦能夠防範於未然。

這是個不錯的設想，對保護社會應有一定的作用。而且當時社會人士都成為了驚弓之鳥，必須及早採取安定民心的措施。然而，這個設計卻有明顯不足之處。即使這制度來自先輩的精見，但筆者亦只能抱着維護病人的心作討論。

首先，這設計只考慮社會的需要，並不是考慮病人的需要。作為醫生，我們服務的是病人，所以要筆者去做一些病人不願意或對病人不是最有益的事，是很難辦到的。其實，只有極少數精神病人有暴力傾向的，而PFU制度卻「一竹篙打一船人」，將會加深社會的誤解，認為全部精神病人皆有暴力傾向。

第二，此設計過於簡單，很容易便將病人納入高危一族。醫生經常要思考如何判斷一個病人有沒有暴力傾向，例如兩夫妻口角算不算呢？激動時用刀指向別人算不算呢？現實中有很多灰色地帶，而很多醫生亦不太懂得如何去判定。一個病人的分類往往存在於醫生的一念之間。又因社會的壓力，醫生或傾向保守，如果真有暴力事件發生，他起碼可以說「我都話過啦」。

第三，這個設計只是想當然而已，並沒有經過任何實證研究。筆者覺得奇怪，為何已實行了三十多年，還沒有學者做研究呢？這裏要提防假的正驗（false positive），凡被醫生劃分為 PFU 的病人，我們都會慎之又慎，要出院須經過很多程序，所以這些病人的留院時間皆比其他病人長得多。當然，他們在醫院時就一定不會在社會上生事。可是，這個寧枉毋縱的極端制度是符合道德的嗎？

第四，將病人轉至醫院關起來去防止不一定會發生，也不知道於何時何地發生的暴力事件，這是對的嗎？我們知道一個正常社會只會將已經發生了的罪案，及已經在法庭上公正地審理的人關起來，而且其刑期是與其罪行掛鉤的。歷史上將精神病人以治療的名義禁閉起來的，只發生在前蘇聯及前納粹德國。

第五，這點在我看來是最重要的。在精神科服務中，醫生最重要的是要取得病人信任，而信任是建基於病人確切地知道醫生的任何舉措都是以病人的最佳利益出發，以及會考慮他的意見。但在 PFU 制度下，醫生和病人之間的信任如何可以建立呢？若病人不信任醫生，他會對醫生確切地說出自己的精神病症狀嗎？他會配合醫生的治療？醫生的內心深處會舒服嗎？

走筆自此，筆者要聲明筆者並不是要刻意批評 PFU，因為這種制度已實施了三十多年，並有一定的作用。筆者只想指出凡事有利有弊，而環顧中外文獻，這三十多年並沒有作出應有的討論，才大膽在此寫下一些心聲，以供日後有為者參考，令制度更完善、美好，是所期盼也。

順帶一提，當年安安幼稚園的其中一位學生，在事件發生後決定長大後要幫助精神病人，他是梁兆基，現於葵涌醫院擔任個案經理。

1986 年，另一事件也影響了精神科。當年傳媒發現一名六歲女童郭亞女被懷疑患有精神病的母親禁錮在葵興邨家中，不准外出，不准上學。社會福利署的社工上門，想入屋了解情況，其母親也不允許。事件迅速傳播，社署擔心她發覺被傳媒日夜包圍，心理狀況會不穩定，於是當時擔任署長的陳方安生決定引用《保護婦孺條例》，破門入屋。之後郭亞女被送進兒童院，而她母親就被安排到葵涌醫院接受治療。

香港是一個極之着重私隱及私人空間的城市。現在社署破門入屋，很大程度上破壞了私人空間的神聖的，被輿論認為是濫權。香港政府亦承諾作出檢討。

適逢當年香港正大幅修訂《精神健康條例》，這兩宗事件便影響了條例修訂的方向。

起先，香港是因應 1983 年英國通過的 Mental Health Act 而跟隨修例的。當時英國的新法例最重要的考慮是加強保護精神病人的各種權益。但 1982 年發生元州邨事件後，香港有強大聲音要反其道而行，加強保護社會。至 1986 年郭亞女事件，社會似乎取得了中庸之道，得以平衡病人權益及社會保護，所以這兩宗事件與法例修改息息相關。當年筆者亦有寫意見書及面見立法局議員提供意見。

七、青山醫院重建

曾經是亞洲第一的青山醫院，經過幾十年的風雨，變得有點像第三世界的醫院了。病床排得密麻麻，病床與病床之間毫無空隙，病人要由床尾爬上床，而且有很多臨時增加的帆布床。浴室、廁所極度不足，而且衞生

極差。還有很多不足的地方，筆者不打算詳細描述了。

　　1988 年，當時的院長張鴻堅醫生同意讓電視台在青山醫院進行實地拍攝，並在黃金時段播出。這一集《鏗鏘集——青山依舊在》震動全港。香港人都在問，香港的精神科醫院環境為何這麼差？為甚麼對精神病人這般惡劣、這樣歧視？香港是否應該容許這種情況繼續發生？

　　筆者曾受教於張醫生，知道他是正直、熱心，而不

上圖｜從病床的數量可見病房人滿之患（陳庭揚醫生提供）

下圖｜病房的露台（陳庭揚醫生提供）

是阿諛奉承之人。他尊重真相，亦肯讓真相曝光人前，讓真相自己說話。筆者不難想像這一次電視廣播帶給張醫生的麻煩及壓力之大。

所謂「紙包唔住火」，青山的惡劣情況漸漸為政府高層所知，當年的代理港督霍德爵士（Sir David Ford）親身來到青山醫院視察，也大感意外。香港竟有如此惡劣的環境！筆者想像他會「feel ashame」。當時港督衞奕信（Sir David Wilson）經常不在香港，霍德爵士的事業如日中天，是香港內政實際上的操作人。

香港最後一任港督彭定康（Sir Chris Patten）於1992年上任，他第一份施政報告提倡發展老人精神科。同年，賽馬會撥款五億元作為青山醫院重建的資金。

當中有一個故事，是彭督於事後為青山其中一座大樓奠基時說的。

香港重大政策的決定人當然是港督，但很多知情人士都心知，除了他之外，還有馬會及幾位大商人。當時港督在與行政、立法兩局開會前會有共晉早餐的習慣，而那時兩局的會員當中亦有馬會代表。就在一次港督府的早餐會中，港督對馬會代表說：「香港有很多工作要做，政府已做了不少。現在青山醫院實在需要重建，你們馬會向以慈善知名於香港，那麼今次你們就捐款給青山重建吧。」據說馬會代表當下便答應。之後就只是細節的商討。

香港政府很重視這個重建項目，彭督及其夫人亦多次來到青山醫院視察。住院大樓、門診大樓、教學大樓都有他們的足跡。

最後，筆者還要記下及多謝兩個人。一位是當時

的醫管局總監楊永強醫生，他堅持青山醫院要保持低密度，樓房不可太高，要保留樹木，以保持青山一貫優美的花園環境。這要求大致上都達到了。

另一位是梁劉柔芬女士，當時她是青山醫院管治委員會主席。她對青山不只是關心，簡直是花盡心血。筆者聽過她的呼籲，也看過她真情的眼淚，深受感動。她最大的功績是替門診部爭取到一個大天井。這個大天井將明心樓化腐朽為神奇。不明白為何當時建築署會不支持，實在是墨守成規。

梁太用盡了她全部的力量才可以達成這一功績。現在門診部的病人可以享受着光猛通爽的環境，全歸梁太之功。

青山醫院的重建設計極配合地形，當中數座建築極美，在當年是得獎之作。

青山醫院重建後，現在葵涌醫院也開始重建了。筆者當然希望它比青山更優美，令病人更加得益。

走筆至此，戰後精神科的外史亦寫完。真的希望後有來者，為此歷史再添資料。

01

承先啟後的主管顧問醫生
施應嘉教授專訪

文 | 李兆華

日期 | 2015 年 9 月 23 日
地點 | 施應嘉教授辦公室
受訪者 | 施應嘉（施）
採訪者 | 李兆華、黎文超、潘裕輝

上圖 | 施應嘉教授攝於訪問當日（李兆華醫生提供）

如果你與精神科的資深朋友談起施應嘉醫生，沒有人會知道你說誰，因為這個只是譯名。他是 Dr. Kieran Singer。他是 Singer，卻不是歌星，但無論是名字還是真人，他總會令人聯想起王家衛的《阿飛正傳》，六呎高、彈結他、英俊、有女士緣、在青山公路飆車的院長、香港大學精神科教授、香港政府精神科主管顧問醫生，現在且讓我們聽他娓娓道來精神科世界的種種。

災難性的日佔時期

施教授，可否講述一下你的早期生活？

施：我是混血兒，但這於我的人生路上不但沒有產生阻滯，反而因我的英文程度高，再加上對中國文化有所認識，對我日後的工作倒是有所幫助。

在我童年的時候，剛好是日本侵略香港的時期。看見日本軍人很粗暴，輕則無緣無故強迫市民叩頭，重則隨意殺害，而且手法非常殘忍。親眼目睹過這些，深深體會到生命的脆弱，感到人是會隨時死亡的。

日軍佔領香港兩個月後，容許船隻航行往返香港及澳門。澳門當時是葡萄牙殖民地，它保持中立，所以沒被日軍侵佔。於是，我就去了澳門。那時，澳門也是人心惶惶，害怕被日軍侵佔。而且那裏已有很多難民，亦有很多人死於饑荒。只是另一方面，它還算保有災難中的一點太平，有時會有音樂會，可令人享有片刻的快樂。總的來說，1940 年代初兩、三年仍是很災難性的時期，

很令人擔心的時期。

　　當時我可以透過電台得知戰事的進展。我知道歷史，知道英國過往二、三百年來從未輸過一場仗。所以心底裏是放心的。

　　在澳門，我 12 歲時入讀了一所耶穌會的學校，校內的學生有本地的華人，也有混血兒。它的英文老師極好，很積極。加上圖書館也不錯，因此我進步得很快。1945年，香港重光後我便回港了。

你回來入讀大學嗎？

　　施： 1947 年我獲得獎學金資助入讀港大醫學院，我與 Prof. Rosie Young 同一屆入學。那時醫科生是六年制，我於 1953 年畢業，做了一年實習醫生。

你實習完便加入精神科，是嗎？

　　施： 那時政府剛好想重整醫生職系。一時間，趕不及入職工作，有數個月空檔，我便心急起來。剛好那時有消息說如果加入精神科，很快便有獎學金可以去英國深造。而我又喜歡人文學科（例如英文、歷史、哲學），所以便加入了醫科中最具人文色彩的精神科做醫生（Medical Officer）。加入了這科之後，果然是很對口味，很有興趣。但一年過去了，知道不會那麼快有獎學金。葉寶明醫生提議我可以自行去英國，找工作及深造。我便於 1955 年自行去了英國。

可否談談你在英國的深造經驗？

　　施： 葉寶明醫生在香港寫了一封介紹信給我往見

Maudsley 醫院的院長。可是，等了兩個星期也沒有回音。當時剛好有三位香港護士在那兒工作，經人介紹之下，我和他們聯絡上。其中一位是夏應生先生。他介紹我去見 Watkins 醫生，他是 Horton 醫院的院長，他給了我一個 SHO（Senior House Officer）的職位，而且提供很寬敞的宿舍。Horton 在 Epsom 區，那一區有五所大型精神科醫院，每一所都有 2,000 個病人。我慶幸有機會在英國工作，因為實際做精神科的工作與只做實習（尤其是教學醫院的實習）有很大分別，從中我學到了很多實際的知識及技能。不是人人都可以有這種機會。

那時英國的精神科治療開始講究人性化，精神病人不再受歧視，亦開始給予病人不少自由。但當時英國還沒有正式的精神科訓練，亦沒有英國皇家精神科學會（Membership of the Royal College of Psychiatrists, MRC Psych）的專業試，只有 Diploma（DPM）。我在英國工作了四年六個月，學懂了要治好一位病人是要徹底地認識他才可以，所謂「from beginning to end」。後來考取了 DPM。至於英國皇家內科學會（Membership of the Royal College of Physicians, MRCP）的專業試，則一定要去教學醫院取得臨床附屬訓練資格才可以報考。當時，香港第一位華人醫務衛生署長楊國璋醫生，退休後就在 Epsom 做精神科醫生。這可算是一個趣聞。

可否稍微介紹你在英國的生活？

施：我在英國那幾年很快樂。其實我更早時在瑪麗醫院外科做實習醫生時已認識夏應生先生，他當時在瑪麗醫院做註冊護士（Registered Nurse）。夏先生在 Horton

醫院被認為是很有才幹、盡責及很受敬重的人。他與另外兩位護士 Mr. Lincoln Leung 及 Mr. Woodman Lo 在 Horton 工作。我與他們三位及院長 Dr. Watkins 相處得很好，我很享受在宿舍的中式煮食及中餐。

在英國學成歸來，你的發展如何？

施：我在 1960 年回港。在高街精神病院工作了兩年。當時高街環境很原始（primitive），都是一些大房間，因病人很多，治療要很快。那時還有不少梅毒上腦症（General Paralysis of the Insane, GPI），用盤尼西林，效果很好。這些病人只需短期住院。另外，我亦有做前額葉腦手術（Leucotomy），當時相信這個腦外科手術能治療精神分裂症。葉寶明醫生很喜歡我們嘗試各種新療法。這個手術就是他教的。我曾替約 20 位病人做過手術，當中只有一位有後遺症，一隻手不能動，其他的都有成效。

1961 年，我當上了青山醫院男病房的副院長（Dr. George Ou 是女病房的副院長）。葉寶明醫生則是院長。不久，我便升至青山醫院的院長了。我在青山做了不少行政工作，也寫了不少指引（guidelines）。然而，我認為我對青山的貢獻是引入了 MRCP 式的臨床訓練。主診醫生要向高級醫生演示講述病人的情況，這些臨床訓練於精神科是不可或缺的。

當時青山醫院已經積累了不少長期病人。那時治療沒現在般先進，對於這些長期病患者來說，似乎只能讓他們在醫院一直住下去，看不到出路，覺得沉悶，亦難以令人燃起熱誠及產生正面觀念。我時常要提醒自己凡事要向正面看，所以當時在青山還是很快樂的。

當年青山流傳着這樣的一個故事。說曾因病人有緊急事，你便駕駛着一架跑車超速，被交通警截停。這引起了一些誤會。你可否說明一下？

施：完全沒這回事。同事這個玩笑開得太大了。

你於 1959 年至 1961 年在現在人稱鬼屋的高街精神病院工作。你覺得那裏有鬼嗎？

施：我不止在那裏工作，我還住在那裏呢！同期還有一位總男護士（Chief Male Nurse）及葉寶明醫生都在那裏住。當時並沒有鬼屋這個說法。再加上我並不信，故我並不感到有鬼。

1969 年你離開青山醫院後的發展是怎樣的？

施：1969 年我離開青山，做了全港精神科的主管顧問醫生。當 1971 年港大開設精神科教授職位（Professor of Psychiatry），葉寶明醫生便是第一任。我則在 1972 年擔當第二任教授，直至 1980 年 50 歲時退休。之後我便在中環私人執業至現在。

在港大授課的年代，我的精神科知識及經驗突飛猛進，可能是因為教學相長吧。我一貫喜歡看書，作為教授，更加要對精神科有一個全面的認識，看書就更多了。當年，我辦公室內的書多至可以成立一個圖書館。

我亦聯同一批同事寫了不少論文。每一位同事的貢獻，我都會在論文中確認。我認為這是必須的。

曾經有一次是吳敏倫醫生提交了一篇性學的學術文章（journal）。我笑說他應向這一方面發展。想不到他現在真的成了香港性學之父。

你與葉寶明醫生頗相熟，可否談一談你對他的印象？

施：葉醫生對香港精神科的貢獻很大，他是馬來西亞華僑，家境不錯。二次大戰時，他幸運地獲取獎學金去了英國留學，不用受戰爭之苦。劍橋畢業後，他於 1949 年來港。他是一位學者，學問很高。我在學醫時聽過他的精神科講課。在 1950 年，當時有一個法庭案件，要葉醫生、Prof. McFadzean（香港大學醫學院內科主管）及 Prof. Desmond Curran（英國皇家精神科學會的會長，President of RMPA）當專家證人。我從報章獲知葉醫生的專家證人意見，覺得葉醫生的學問很了不起。這亦促成我入行的決心。

葉醫生很勤奮，尤其勤於寫作論文，每時每刻都在寫。為了爭取時間寫論文，他連理髮都不出外，只叫醫院裏的理髮師為他理髮。當時亦有傳聞，說他認真到連如廁時亦在寫文章。對於這個傳聞，我就不知它的真偽了。葉醫生亦很專注於他的專業，據我觀察，他的興趣不限於精神科，更擴闊至人類學及社會學。

雖然他的碩士論文是自殺研究，但他最出名的文章是他的跨文化精神病研究，他的 Latah（馬來亞驚慌症）及 Koro（縮陽）論文都很出色。當時，亞洲有兩位世界級的精神科醫生，一位是台灣的林宗憲，另一位便是他。

葉寶明醫生英年早逝，你能稍微說一下他的事蹟嗎？

施：葉醫生於 1949 年來港後，一手催生了香港的精神科專業服務，更令到他的事業迅速發展，貢獻真是很大。他也兼任青山醫院院長，既要診症，還要寫論文。

當港大精神科於 1971 年開設教授職位（Chair of

Psychiatry）後，他又回港執教。

他同時又是世界精神科學會（World Psychiatric Association, WPA）的主要幹事之一。當 1972 年 WPA 在墨西哥開會，他亦有出席，當年我亦代表香港出席。對於葉醫生在墨西哥突然去世，我感到很難過。至於他去世的原因，我並不知道，但我猜想是心臟病發。之後，葉醫生的家人便返回加拿大了。

芸芸眾多精神科醫生中，還有哪一位你較有印象？

施：我很欣賞 Dr. Stella Liu。她是新生康復會（The New Life Psychiatric Rehabilitation Association, NLPRA）建會人之一。她為人相當積極樂觀，對病人很好，有很強的同理心，而且很樂意聆聽病人的心事。她甚至僱用病人為她家清潔，這在當時是很不可思議的，所以我很尊敬她。當年她由很小的事做起，現在成了大事業，的確令她在歷史上佔了一席位。

你可以說一說 1950 至 1960 年代，香港精神科治療的情況嗎？

施：早期在高街，我有做前額葉腦手術（Leucotomy），還是葉醫生教我的。我知道這手術在青山醫院開啟後，便沒有再做了。至於腦電盪治療（Electroconvulsive Therapy, ECT），當時經常做。有時還沒有用全身麻醉呢！當時還有一種胰島素休克治療（Insulin Shock Therapy），我亦有做過，有時亦會有功效的。但當第一代抗精神病藥物氯丙嗪（Largactil）出現後，治療便轉至以藥物為主了。

令人佩服的 Dr. Stella Liu

回望人生

哪一本書本對你影響最大呢？

施：當然是 Mayer Gross 的《臨床精神病學》（*Clinical Psychiatry*）。它是我們那一代的精神科聖經。

可是單靠書本是遠遠不夠的，這正如紙上談兵。尤幸我早年在高街工作，面對過很多不同種類及不同病情的病人，令我的臨床經驗大增，所以我可以說是一位很全面的教授。

可以總結你的一生嗎？

施：在此一生，成就算是略有，但我想要有更多的成就。

右圖｜訪問後留影（前排：施應嘉醫生；後排左起：潘裕輝、黎文超、李兆華）（李兆華醫生提供）

施應嘉醫生否認了飛車的傳聞，也迴避談及往日的感情生活，變得踏實而且保守。這是歲月的歷練。重要的是當中可有遺憾？施應嘉醫生說：「在此一生，成就算是略有，但我想要有更多的成就。」既然已經攀上頂峰，還有甚麼東西未做？未來還要成就甚麼？我相信這是心態，是永不言休、終身學習的心態。

梅毒上腦症（General Paralysis of the Insane/ GPI）會令人精神錯亂嗎？

文｜李兆華

　　大家都知道梅毒是性病，由梅毒菌（Treponema）引發，主要通過性接觸傳染。病發初期的症狀是性器官潰瘍，之後便進入潛伏期，那時梅毒菌其實已經由血液循環滲透全身。

　　潛伏期時間長短不一，少則半年，長則十數年。部分患者腦部會受損，可能出現行動失調、肌肉無力等症狀。有一些會情緒波動、過度興奮、容易衝動；也有一些會出現幻覺，甚至妄想，令人覺得患者精神錯亂。

　　一百多年前，這類的精神病人大約佔精神病院內的病人五分之一，不算得上少數。當時因為抗生素還未被研發，所以是一個不治之症。

　　1927 年，一位奧地利醫生（Dr. Wagner-Jauregg）發現瘧疾引發的高燒能醫治部分梅毒上腦的病人，為此他獲得了諾貝爾獎。

02

一生貢獻精神科
盧懷海醫生專訪

文│潘裕輝

日期│2015 年 6 月 2 日
地點│盧懷海醫生醫務所
受訪者│盧懷海（盧）
採訪者│李兆華、黎文超、潘裕輝

上圖│盧懷海醫生攝於訪問當日（李兆華醫生提供）

要數香港精神科的江湖活字典，盧醫生肯定是其中一本「巨著」，除了因為他曾經擔任青山醫院院長，也因為他曾經撰文，整理了自 1885 年至 1985 年整個世紀的香港精神科發展史。他見證了香港由瘋人院時代進步到精神科醫院的發展，也親身體驗精神科不再單單是強迫性的住院治療，而是可以發展出成行成市的私人執業。說是親身體驗，因為他在退休後，也從容地擔任精神科私家醫生，繼續為市民服務。今次的訪問，我們就是走進他位於中環的辦公室，來一個溫情對話。

踏進精神科世界

請問你如何進入醫科？在甚麼機遇之下投身精神科？

盧：我是潮洲人，1932 年出生，在香港華仁書院畢業，在 1951 年至 1958 年就讀香港大學。當時全港預科生之中，只有 108 人能夠獲港大錄取。我選擇了醫科，在 1959 年畢業。

那時候，每位醫生都需要選擇向一門專科邁進，那時候我還未有心儀的範疇。恰巧收到葉寶明醫生（後來擔任青山醫院第一任院長）的傳單，說青山醫院即將開幕，能夠成為創院第一代的醫生，前途無可限量，而且最吸引我的原因，是說在一至兩年內有機會赴英國進修，這是很難得的機會吧！所以我就選擇了精神科。

創院第一代的醫生，的確是創造歷史！請問你何時入職精神科？當時有哪些同事？

盧：我在 1959 年 7 月當上精神科醫生，在高街精神

病院（高街）上班。當時我們是四人一起去的，除了我，還有黃超龍醫生（後來在 St. George 受訓）、Dr. Lily Yen 和譚醫生。那時高街按病人性別分開男座和女座。男座主管是鍾祖文醫生，我和譚醫生在男座工作；女座主管是葉寶明醫生，Dr. C. L. Wong 和 Dr. Lily Yen 就在女座工作。

另外，男座那邊除了精神科，也有美沙酮中心；女座就是紅磚建築的那座，宿舍的入口也是在那邊。

在高街，我認識了一位具有 33 年資歷的護士何澤權，他常常告訴我早期精神科的佚事。另外，我也認識了總護士長 Mr. Potter 和署理總護士長 Mr. Dodd。

請問早期精神科的工作情況如何？

盧：當時我們幾位醫生在高街工作，一星期有兩日門診服務，另外每人輪流去青山醫院工作一星期。我對青山醫院的第一個印象是很多蚊子！一推開醫生診症室

左圖｜盧懷海醫生為 1980 年代青山醫院運動會主禮嘉賓（陳庭揚醫生提供）

的門，蚊子就蜂擁出來，所以我不會使用那間診症室。

至於治療方法，包括藥物治療、腦電盪治療、胰島素休克治療、發熱治療（Fever Therapy）、前額腦葉手術（Leucotomy）等等，和青山醫院採用的治療方法相若。

請簡介各種不同的治療方法？

盧：首先是藥物治療，當時世界上第一種治療精神病的藥物 Largactil 面世不久，即成為普遍採用的治療方法，後期有 Reserpine。另外，對於急性病人我們會考慮注射 Paraldehyde，注射當然會有一點痛吧！之前的精神科藥物副作用太多，是病人不肯服用的其中一個主要原因，現代新的精神科藥物，副作用大大減低了，可真是好啊！

然後是胰島素休克治療，這個治療是要給病人注射劑量較大的胰島素，使病人血糖降低，發生短暫的淺昏迷以獲得療效。後來這個治療在大約三年後停用了，因為 Dr. Ackner 在外國做了研究，證實效用不大，所以不做也罷。

腦電盪治療，這個治療是使用少量電流通過腦部，使腦部經歷一個腦癇症的發作，從而令精神回復正常。由於病人已接受麻醉及肌肉鬆弛劑，身體只會輕微抽搐。

（按：在電影中一提到精神病的治療，經常有腦電盪治療的情節，最經典的可說是 1994 年《有你終生美麗》（Beautiful Mind），最戲劇化的是《異度空間》，張國榮飾演精神科醫生，懷疑自己患病，偷偷地在手術室自己電自己。）

請簡述前額葉腦手術（Leucotomy）的情況？

盧：當時只有高街有 Leucotomy 的服務，由梁福文醫生主理。後來葉寶明醫生要求他教我，我就學懂了 Leucotomy 的方法，然後就由我開始接手了。

若當時沒有麻醉師在場，病人便毋須麻醉。我用一枝鋼針在病人眼上方插入，朝腦的位置斜 15 度向上，要小心以免傷及病人眼睛。鋼針進入腦前額葉後，就左移三下，右移三下，把該位置的神經切斷就可以了，整個過程只需幾分鐘。

有些電影形容病人做過 Leucotomy 後，就會變得癡呆，像行屍一樣，是否如此？〔按：所指的電影包括《飛越瘋人院》（*One Flew Over the Cuckoo's Nest*）、《不赦島》（*Shutter Island*）及《天姬戰》（*Sucker Punch*）〕

盧：個案轉介來做這種手術，做完就交回其主診醫生治理，我並沒有詳細跟進。現在回想起來，如果當年有做資料搜集，就可以用統計學的方法來研究成效了。

雖然如此，但我還是相信 Leucotomy 是有效的。我記得我有一位有強迫症的病人，有一次他去了銅鑼灣的樂聲戲院看電影，晚上回到上環家中，他反覆地想電影海報上的一個字，但他忘記了，就半夜三更地由上環走到銅鑼灣的戲院，為的是要看看海報上的那個字。但他在進行 Leucotomy 後情況便有所改善了，再無出現這種強迫行為。

最後，由溫祥來醫生接手腦外科手術的事宜，我就沒有再做 Leucotomy 了。

高街精神病院又稱高街鬼屋，到底有沒有鬼？

盧：我在大約 1962 年至 1963 年間入住高街的職員宿舍，當時葉寶明醫生早就住在那裏，還有其他醫生，例如 Dr. Singer（施應嘉醫生，青山醫院第二任院長）、Dr. George Ou（吳達偉醫生，青山醫院第三任院長）等等。

我們讀西洋醫學的，不語怪力亂神。對於它被謠傳是鬼屋，我都不覺得有甚麼異樣。當時被稱鬼屋的位置，是女座紅磚屋那邊廂，是傭工宿舍所在的地方。那邊晚上燈光不足，很黑，真的很黑，不少工人都不敢逗留。

以前精神病人會被移送到廣州芳村醫院，這措施何時停止的？

盧：這是我當精神科醫生之前的事了。以前香港的精神病人，的確有可能會被移送到廣州芳村醫院，那時稱為「惠愛醫癲院」。在 1941 年，日軍攻佔香港，就在那時候把病人移送芳村醫院的措施便暫停了。誰還有空理會這些？及後日軍戰敗離開，沒有人刻意再恢復這個移送制度，所以再沒有這事了。

左圖｜廣州惠愛醫院現時模樣，同時亦稱為腦科醫院及精神衛生中心。（潘裕輝先生提供）

右圖｜高街精神病院建築物的花崗岩仍獲保留，被評為一級歷史建築。（潘裕輝先生提供）

上圖 | 惠愛醫院的建築物
已經翻新，但仍保持其建
築特色。（潘裕輝先生提
供）

右圖 | 惠愛醫院內有創
辦人嘉約翰醫生（Dr. John
Kerr）及莫淦明醫生的銅
像，銅像後面刻着他們在
1889 年 2 月 28 日創院的故
事。（潘裕輝先生提供）

你如何評價葉寶明醫生？

盧：其實醫生都是普通人，沒有甚麼特別。葉寶明醫生中文不算流利，但總是夠用的。

後來 World Psychiatric Association (WPA) 在 Mexico 舉行醫學會議，葉醫生的心臟不太好，心臟科醫生建議他不要去，但他還是堅持去，結果航班一着陸，他就心臟病發去世了。詳情我沒有追查。

有傳 WPA 會待葉醫生參加完 Mexico 醫學會議，就會委任他擔任 Associate Secretary General。無論如何，他已沒有機會接受了。

你記得安安幼稚園事件嗎？

盧：當然記得。那是 1982 年，個案的主診醫生是 Dr. S. N. Lee，主管是吳漢城醫生。事件當日，港督差一位警司去我家中取資料，當晚我召集了 Dr. S. N. Lee 及吳漢城醫生在我家裏開會，第二日清晨就前往政府部門向唐嘉良醫生（當時醫務衛生署長）交代事件。最後選擇了用《醫院令》（*Hospital Order*）移送病人到小欖精神病治療中心（Siu Lam Psychiatric Centre, SLPC），相信這是合適的做法。

這些事件引起了市民對社區精神病人生活情況的關注，因而加速了社康護士制度的發展，這些事夏應生先生（本書另一篇章會訪問他）比較清楚。

另外，社會福利署終於肯大量撥款，中途宿舍就如雨後春筍般興建起來。

談起夏應生先生，你如何評價他？

盧：他彷彿總是覺得護理界問題多多，所以整天都嚷着要改革。然而他對護理界的確是貢獻良多，作出不少成功而良好的改革措施。他本人性格有點執着，人際關係不是他的強項。我在 1972 年至 1974 年間擔任院長，在我的辦公桌上，堆滿了投訴他的信件，有來自醫生，也有來自護士的。

香港早期有些「星級」病人，例如南海十三郎，你認識他嗎？

盧：認識。十三郎的主診醫生是鍾祖文醫生，我對他的病情所知甚少。有一次我邀請他為 Mental Health Association 撰寫一個短劇的劇本，用作宣傳精神健康的訊息，他樂意幫忙，可是劇本的內容只是一般，我們並沒有採用。

下圖｜當年報章有關南海十三郎的報導，報社與刊登日期不詳。

你記得郭亞女事件嗎？

盧：記得。那是 1986 年，這事件影響着精神科的政策。其實為了安安幼稚園事件，社會對精神病人的處理傾向嚴謹，當時組成了一個工作小組，討論政策方向，可是最後定案還未出籠，又發生郭亞女事件，社會對精神病人的處理又傾向寬鬆了，大力關注病人在人權方面的議題。

在你的事業上，有誰是你的伯樂？

盧：很多事情，其實都是靠自己打拚的。當然，有許多前輩都對我很好，例如 WPA 的 Dr. Denis Leigh，他

是一位效率很高的 Secretary General。我又想起 Dr. Singer 和沈秉韶醫生，他們的風格截然不同，但是兩位都是很好的人。

你的兒子也有很不錯的成就啊，你是如何栽培下一代？

盧：我也沒有怎樣栽培的，這是他的努力。可能因為他從小就旁觀我的工作，兒子感受到父親的好學，是身教吧！我另一個兒子現時在英國當律師，也有他自己的世界了。記得他小時候，我送給他一部大大的單鏡反光相機，與他細小的身材不成比例，他現在已經是職業攝影師了。

在興建青山醫院的計劃中，你擔當甚麼角色？

盧：沒有角色。我在 1959 年入職，當時青山醫院已經在運作了。到 1961 年正式開幕，我不過是一個年資很淺的醫生，談不上參與計劃與行政工作。或者葉寶明醫生才是青山醫院的設計師。

有傳聞說當時青山醫院選址有二：一是屯門青山，一是改建當時的葛量洪醫院，但是葛量洪總督不想他的名字被用作精神病院的名稱，所以便選擇了在屯門青山興建新醫院。

後來你去了英國接受精神科訓練，當時情況如何？

盧：當時有不少精神科醫生前往英國接受精神科訓練。例如：Dr. Singer 自費前往；Dr. George Ou 領取了世界衞生組織（World Health Organization, WHO）的

獎學金。

我是在 1964 年元旦到達倫敦的，先在 Springfield 醫院學習三個月，後來也去了 Maudsley 接受 21 個月的實習。起初半年由 Dr. Desmond Pond 帶領我學習兒童精神科，之後修讀心理治療、成人精神科，還有在 Maiden Vale 學習三個月腦神經科。

我還記得 Dr. Slater 每逢星期二都會舉行臨床會議，我在這個會上獲益良多。

在 1965 年，我就獲取了 Diploma of Psychological Medicine（DPM）的資格。那時皇家醫學院（Royal College）方興未艾，我在 1971 年成為會員，1976 年成為院士。澳洲的醫學院邀請我擔任新加坡考試的評審員，我也欣然協助。而在 1981 年，就成為了 Conferred Fellow（榮譽授予院士）。

在你工作上，有遇過失敗、衝擊或是困難的時刻嗎？

盧：最大的困難，就是安安幼稚園事件和郭亞女事件了。

另外，曾經有一位拒絕進食的白俄羅斯病人，出院後到區域法院投訴我，說我強迫她吃東西。令我要到法院解釋，幸好護士們所記錄的飲食記錄夠精準，記錄了她自行進食的分量，我才得以昭雪。這件事反映了醫療文件的重要性。

又有一次，有一個印度人不滿意政府，在港督府外潑屎尿。警察拘捕他後，找青山醫院的專家去評估。當時我安排了勞振威醫生出馬，不過這人到底有沒有精神

病？我沒有跟進了。

葵涌醫院在 1981 年成立，你有參與發展嗎？

盧：有。當時有討論興建一所 Neurosurgical Stereotactic theater（立體定位腦神經外科中心），我們還向英國的 Dr. Desmond Pond（Royal College President）和 Dr. Linford Rees（Treasurer of WPA, Royal College President）請教，得到他們的認同。原本計劃服務 100 個症。可是後來手術方面的事宜交由瑪嘉烈醫院的簡耀庭醫生和張文泰醫生主理，最後葵涌醫院並沒有進行太多的腦外科手術。

你有參與其他醫院的發展嗎？

盧：有。當時我有份參與在東區尤德醫院和屯門醫院開辦智障科病房的計劃，工程龐大而所費不菲。然而我心裏認為，智障院友其實並不需要佔用急症醫院的床位，這是資源錯配了，只不過那時智障院友的服務需求太大，才會有如此安排。

另外，荔枝角醫院本身是用作收容刑事犯人，本來是不適合安置精神病人的，可是為了舒緩擁擠情況，我們鑑於當時荔枝角醫院有床位，於是也在該院發展了精神科服務。（按：荔枝角醫院經歷幾許變化，現在是饒宗頤文化館。）

你有參與其他有關精神健康的非牟利機構的發展嗎？

盧：香港心理衞生會於 1952 年成立，我加入該會已經有五十多年了，也曾當過委員會成員、主席和董事。

此外，由葉寶明醫生參與創立的香港精神科醫學會（Hong Kong Psychiatric Association），第一屆董事長局產生，由葉寶明醫生擔任董事長，委任了 Dr. Singer 做主席，而我擔任司庫。後來這個會發展成為香港精神科醫學院，我就已經是這個會的院士，在 2002 年更成為榮譽院士。

（按：香港精神科醫學會於 1967 年 7 月 28 日成立，初期會員人數不過 30 人。1968 年 4 月，香港精神科醫學會被接納為世界精神病學協會成員。

1988 年，香港政府成立一個大學以上程度的醫療教育及訓練工作小組，發表工作報告後，不同的專科代表隨即組成香港醫學專科學院籌備委員會，而香港精神科醫學會以其獨特的地位，1993 年成為香港醫學專科學院成員之一，香港精神科醫學院亦應運而生。）

我知道你發表過不少醫學文獻，可否介紹一下？

盧：我一向醉心於醫學研究，那時候用算盤來整理統計的資料，比現在困難得多。我出版過三十多份醫學文獻，第一份是在 1961 年和葉寶明醫生合著的 "Some aspects of thought disorder in Schizophrenia"，在 *Bulletin of the Hong Kong Chinese Medical Association* 刊登；我最喜歡的文章，是 1967 年在 *British Journal of Psychiatry* 刊登的 "A follow-up study of obsessional neurotics in Hong Kong Chinese"。

後來，警司 Mr. Peter Holliday 請我幫忙研究自殺這課題，我就對這課題產生了濃厚的興趣。

你撰寫了一篇關於香港精神科歷史發展的論文，橫跨 1885 年至 1985 年，是甚麼驅使你去撰寫此文章？

盧：原因有兩個，因為當時的警司 Mr. Peter Holliday 對精神科歷史發展有興趣，要求我告訴他。另一方面，我要出席一個場合，需要對此題目作一個演說，所以我一併歸納總結資料，還專程到醫務衞生署（現稱衞生署）翻查資料，便撰寫了此文。

你何時光榮引退？

盧：一般來說，年齡介乎 55 至 60 歲就可以申請退休，而我在 1990 年退休了，朋友間賞面，我們當日還在尖沙咀海天酒樓敘舊。

左圖｜攝於訪問當日，左起：黎文超、盧懷海、李兆華。（李兆華醫生提供）

一位年輕人，讀書、升學、就業，本來是平平無奇的事，是在你和我身上都會發生的事。然而時代造英雄，在殖民地時代，經歷香港精神科從無到有的轉變，原來守住自己崗位，其實已經在一步步建立歷史故事。

盧醫生誤打誤撞進入精神科，到成為青山醫院院長，再參與發展香港精神科醫學院，每一步都成就着發展。我突然想起《阿甘正傳》（*Forrest Gump*），阿甘打了數年的欖球，就成為大學畢業生了，在畢業典禮上，他收到一張從軍的傳單，就參加了越戰！有時候，人心籌算道路，其實只要勇敢踏上，條條大路通羅馬。

在整理這文章的時候，2016 年 11 月 9 日，傳來盧醫生與世長辭的噩耗，不勝唏噓。人生每一秒都是在創造歷史，他圓滿地走過了這一生，正如使徒保羅所說，當跑的路已經跑盡了。

坊間流行的小說及電影中，有關精神病院的可怕，以這個手術最為嚇人，引致大眾對精神病及其治療產生很多誤解及偏見。

大約 150 年前，精神病被視為無法醫治的病，後來醫療科學興起，人們發現精神分裂症是由腦部病理變化引起的，這立即引起腦外科醫生及精神科醫生的注意。經過一系列的測試及研究，他們認為若果將前額葉切除，或破壞或切斷其與腦部其他部分的聯繫，精神病將得到改善。

1935 年，一位葡國醫生（Dr. Moniz）是第一位做這類手術的醫生。手術後，病人果然變得平靜，但手術的後遺症亦漸次顯現。其後於 1950 年代，開始出現精神科藥物，此類手術便迅速地消失了。

03

上善若水潤物無聲
沈秉韶醫生專訪

文 ｜ 潘佩璆

日期 ｜ 2016 年 12 月 30 日
地點 ｜ 九龍木球會 Boundary Café
受訪者 ｜ 沈秉韶（沈）
採訪者 ｜ 潘佩璆、李兆華、黎文超、潘裕輝

上圖 ｜ 沈秉韶醫生攝於九龍木球會（李兆華醫生提供）

沈秉韶醫生（J.P.，太平紳士；B.B.S.，銅紫荊星章），中學肄業於拔萃男書院，1969 年於香港大學醫學院畢業，其後加入政府的精神科服務，歷任青山醫院副院長、葵涌醫院院長、香港精神科服務總顧問醫生及醫院管理局葵涌醫院行政總監。現為私人執業醫生。沈醫生亦曾擔任多項公職，包括安老事務委員會委員、社會保障上訴委員會委員。

可以說說你求學的經過嗎？

沈：我在拔萃男書院唸中學。1969 年於香港大學醫科畢業，完成實習後就擔任精神科醫生。

請問當初為何會加入精神科？

沈：我讀書時已經很喜歡與人文有關的事物。當時男生成績好的就唸理科，我雖然唸理科，但是卻喜愛文學。醫科畢業後，眼見很多學長都去做精神科，我就跟隨他們。去青山醫院見 Dr. Singer，他說：「你想做精神科，就要去青山醫院，介不介意？有宿舍住的。」當時我還未結婚，很自由，就說：「那很好啊。」做着、做着就發現興趣相當大，加上當時精神科才剛開始發展，高我一、兩班有八、九個同學，他們都考了專業試，但他們不是掛牌執業，就是移民去了。我覺得，留下來的同學不論是排隊輪流去讀書、還是升級，我都排在頭位，

實在機不可失。

那麼你一定很早就去英國受訓了？

沈：不是的。那時很多人自費去讀課程，考 DPM（Diploma of Psychological Medicine），考完回來就做專科醫生。鑑於政府亦有派人去受訓，期間更可以自己報名考試，於是我便選擇了等待政府要派人去深造時報名考試的方法，終於在 1974 年成功獲政府保送我赴英一年半。當時英國皇家精神醫學院剛成立，才開始有院士試可以考。我選擇到 Maudsley（倫敦的 Maudsley Hospital，是舉世知名的精神科醫生及學者培訓中心），Bethlem（倫敦的 Bethlem Hospital，是傳統的大型精神病醫院）同 Queen's Square（倫敦的 Queen's Square，是著名的腦神經內科醫學中心）三處學習。每處 6 個月，剛好一年半。我 9 月到倫敦，10 月通過第一部分考試，11 月完成最後一部分，這就搞定了。我心想，可以開始學習新知識，讀多些書，假期又可以去歐洲旅行。但當時香港不夠高級醫生，高我一班的同學都離開了，盧懷海就召喚我：「你快些回來，給你兩個增薪點，很快就做高級醫生了！」我心想，好不容易出國，這麼快回去，多可惜！

你當時住哪裏？

沈：我住在 London House，環境好，學院氣氛又濃，又可以接觸到很多人。It was such a good time！又不必記掛住考試，捨不得回來啊！可是盧醫生一封信又一封信地催我。

你那時候有沒有家庭？

沈：沒有，只是拍散拖而已。我告訴英國的教授：「我要走了，新年我要回香港啦！因為他們缺人手。」他說：「真可惜，你為甚麼不多留 6 個月？我們都很喜歡你，你又喜歡這裏。」我說：「沒辦法，公務員要聽話。」最後他說：「我要去香港開會，會見到 Dr. Lo。」結果，他問盧懷海醫生：「你為甚麼叫他回來呢？」盧醫生說：「不是我叫，是總部叫的。」當然總部也是要聽他意見的。於是教授又去見 Gerald Choa（蔡永業醫生，時任醫務衞生署長），他們是老相識，就問蔡醫生：「為甚麼你不讓 Dr. Shum 留些時間，要他回來？」蔡醫生看過檔案後，就說：「沒問題，他喜歡留多久就多久吧！」結果我前後又留了一年。那一年，真是大開眼界，獲益良多。

你印象最深的是甚麼？

沈：第一，他們看病是不用趕時間的，根本不會理會你給病人多少時間；第二，團隊協作真的很好。我們講團隊協作講了幾十年，但還未真正做到，專科仍很局限僵化，團隊裏大家還是有很多競爭。反觀他們，團隊真能互相分擔、分享，無分尊卑，但是專業界線就劃得很清楚。香港雖然已學來了很多外國觀念，但在這剛開始的時節，仍只得其皮毛，還需要時間去沉澱，而且要逐步調節到適合本地使用為止。

你在 Maudsley 跟哪一位教授呢？

沈：我跟過幾位，Krammer 是教藥物學的，Griffth Edwards 是教物質濫用的。

Edwards 很厲害啊！

沈：是呀，精神科離不開濫藥服務。青山醫院未啟用之前，精神科病院就是戒毒中心。1972 年，香港成立第一間美沙酮診所，就在西營盤那間舊精神病院內。美沙酮診所的理論是，只要提供一個中等劑量的美沙酮，就可以阻止病人想要海洛英。但單靠美沙酮，是不能解決問題的。還要加上輔導、心理治療、轉換工作，更要得到病人家庭的配合。當時我們會找社工幫戒毒者找房子、找工作，社工就說：「這些醫學的範疇我們是不碰的。」你說部門界線有多僵硬？蔡永業就去找精神科商量，借精神科護士、醫生的力量去幫忙。我覺得這工作很有趣，於是自願一個禮拜去診所幫忙兩、三晚，見見吸毒者，以受訓精神科醫生的角度，了解他們。前後共見了一百多位後，我才去英國的。到英國後，我拿着 Dr. Edwards 的書，就決定跟他了，之後大家關係很好，更維持了很長的時間。回到香港後，盧懷海醫生對濫藥服務不太熱衷，但因為當時小欖醫院撥歸精神科轄下，盧懷海就對我說：「我們要發展智障服務。」要我去考察一下，回來發展小欖。

當時小欖是不是由護士負責的？

沈：對，是精神科護士。當時，小欖那些病人就在有圍欄的床上度過一生，他們都是嚴重弱智的，醫院提供的全部都只是基本照顧，只務求讓他們不要骯髒邋遢，並減輕他們患上嚴重併發症的機會，好令他們多活幾個月至幾年，當然當中也有些很長命的。我就想，如果可以研究一下他們的遺傳基因就好了。於是找 Maudsley 的

顧問醫生幫忙，他安排我去一家智障專科醫院，那裏有個基因組。他們用顯微鏡看染色體，拍照，然後將照片剪開一條條排好。於是我對盧醫生說：「我們也可以做這個。」盧醫生答道：「我支持你！」可是回來之後，我卻因有很多其他工作要處理，然後又結了婚，智障服務就放下了。今天，智障服務歸了社福那邊，是精神科的損失，你看基因研究發展多好啊！不過精神科當時實在百廢待興，社區又要搞 CWAU（Community Work and Aftercare Unit），搞康復，因為青山醫院「爆」得很厲害嘛。

CWAU 是何時開始的呢？

沈：是 1977 年。當時我和青山醫院的社工 Paul Cheung，到一些工廠去了解精神病人可以勝任甚麼工作，我們直接去和老闆面談，向他們解釋，這些病人的情況已趨穩定，若有突發問題可以致電醫院的熱線。Paul Cheung 精力過人，我們做了很多工夫，還拍了一個電視特輯，怎料卻壞事了！因為特輯拍到病人在很惡劣的環境下工作，現實是好的工作根本輪不到他去做。但政府秘書處說：「你們在醫院只要給他一張床睡，給兩餐飯他吃就行了，卻要他去這種環境工作，人家會批評你們奴役病人的！」我們唯有自己再作出調整，只做做康復就算，不為病人去外展找工作了。

當時青山院長是誰？

沈：是陳庭揚。我、他和盧懷海，大家做事方法不同，但我又很開心可與他們共事。

當時在青山醫院有何趣事嗎？

當時，病人夜晚點名之後就消失不見了，因為水泥地較涼快，所以病人都睡到床底去了！連地板都被睡得光溜溜了。病房沒有冷氣，診症室也沒有，醫生房的窗又小又高，像個窺視孔，往往診完症就全身濕透。後來B劉（劉偉楷醫生）開先河，乾脆穿拖鞋、短褲看病。

那其他醫生有否跟隨他？

沈：沒有，這種事只有B劉才會做。不過，他非常細心，病人都很喜歡他。他也很世故，只是樣子像「傻佬」，他有時會擔任代理院長，我們經常開玩笑：「你到青山，如果見到一個穿短褲、拖鞋的人，不要跟他談話，因為他會介紹自己是院長！」他聽了並不會介意，他待人是很真誠的。

當初開葵涌醫院是不是為了紓緩青山醫院擁擠的情況呢？

沈：對，不過設計原意並非如此。原本盧懷海想興建的是瑪嘉烈醫院精神科一翼，就是所謂綜合醫院的精神科單位，一如九龍醫院精神科。可是設計時，床位越加越多，層數亦增多，結果「翼」大過主體醫院。當時瑪嘉烈的院長，護士長都是普通科出身的，他們說：「我們不懂精神科的，不要讓我們管理。」結果葵涌醫院就獨立成為一所醫院了。病房採用開放式，沒有欄柱。很多服務例如化驗、X光診斷、殮房等等，都須與瑪嘉烈共用。盧懷海要求院裏要有尖端設施，於是就設置了一個精神外科單位，盧懷海找來腦外科醫生，好像叫

Edmond Cheung，兩人一起研究，決定該單位由精神科醫生主導，腦外科醫生則協助提供意見，然後再由兩科聯合做評估。手術設施是屬於葵涌的，康復服務也由葵涌負責。因為治療頑固的抑鬱症和強迫症，需要動手術，就要由腦外科醫生提供採購相關儀器、用具的建議。於是，盧懷海又在英國請了一些專家過來提供意見，當顧問，終於完成建設的工作。

我記得你是葵涌醫院第一位院長，可以說說開院的經過嗎？

沈：那時我正在青山工作，而且住在青山宿舍。瑪嘉烈醫院預留了幾層宿舍，以供日後給葵涌醫生作住宿之用。那時恰巧我結了婚，生了個兒子，還未聘請工人，如果在市區居住的話，找人照顧孩子會比較方便，於是我就申請搬去那裏住。有一日，盧懷海打電話給我，說：「沈醫生，你不如就到葵涌醫院去工作吧，反正你都已住在那裏了。」我完全不知道這是家怎麼樣的醫院，但卻沒有提出反對，就說：「好呀，不必開車上班了。」

因此，1980 年底我就去了，當時的護士團隊，即 May Lee 他們已經在收樓了。一開始時，每天都出現很多投訴，因為附近有人用氣槍打野戰，每天早上都有破窗事件。應該說青山的護士團隊臥虎藏龍，他們原本皆來自不同專業，帶着不同的經驗入行，所以對水呀、電呀、窗呀，他們都很有看法。那些窗應該就是防撞的嘛！他們一看，卻說：「不行！」見到有縫隙，他們便說：「這裏會漏水！」工務局的工程師是外國人，巡視時只挑些小毛病來交功課，對於大家提出的意見他們大都否決了。

結果，護士們提出的那些問題，後來終於一一應驗了。下雨天，廁所水一層一層地滲出來，大便流泄出來了。玻璃窗不防撞，自殺的病人便飛了出去。

接着，青山又送了幾百個病人過來，但護士人手卻嚴重不足，要急聘人手。那些長期住於青山醫院的病人本來規規矩矩，每天過着刻板的生活，但來到葵涌後見到電梯，就不停上上落落，玩得不亦樂乎，回復了童真！護士要點名時卻找不到人，原來有些去了後山，有些下山去了美孚，有些更去了瑪嘉烈醫院「搞搞震」！其實他們不是「搞搞震」，而是體驗一下到職員餐廳翹起腳呀、挖鼻孔呀等等，真是一種「新文化」。

瑪嘉烈那班醫生群情激憤，即使我住在瑪嘉烈醫院宿舍，他們也不放過我，說要建一堵牆，將兩所醫院分開。我說：「這可是違反了治療精神呀。」他們說不行，還出動瑪嘉烈醫生會來和我理論。我想不能硬碰，就對勞振威說：「不如派醫生到他們的病房去診治病人。這些病人，遲早都會經急症室或者南葵涌診所轉介過來我們這裏的，不如早些幫他們診斷了，要入院的就直接接收吧！」

診斷一開始，瑪嘉烈的醫生便知道我們的作用了。初期一個禮拜一節，後來兩節，最後更設立了精神科會診組。當他們不夠地方時，我們更讓出地方給他們。

值得一提的，還有殮房事件。最初葵涌醫院沒有殮房，因為一年只得大約十個死亡個案，重病的病人都送到瑪嘉烈了。於是決定不開殮房，打算有遺體就送到瑪嘉烈的殮房存放。可是，問題出在這事牽涉了不同部門，瑪嘉烈的仵工不負責過來搬運遺體過去的，這工作本來

歸市政事務署的黑箱車負責的。只是他們出屍只限日間，晚上不提供服務。我們只有將過世的病人停放在病房過夜，等待翌日黑箱車的到來。問題是能不能將屍體停放在病房過夜呢？當然不能！對此護士大力反對，因為他們的職責是照顧活人，如果屍體出了問題，誰負責？屍體停放在病房亦會令人害怕，感到不舒服，同時亦可能引致危險，而且屍體可能帶有病菌，會傳染他人，而難聞的氣味又可以怎麼處理呢？於是，我們計劃在一間小房內裝上冷氣，因為要方便運送，所以那房間就選在飯堂旁邊。飯堂老闆極力抗議，說：「我不幹啦！」最後，我們從職員停車場劃出一塊地，建了個殮房，裏面有四個箱，而職員車位則由四十幾個減到二十幾個。

這說明政府有很多政策，即使經過周詳計劃，結果都可能讓突發的變化打亂了陣腳。

葵涌雖然開了，可是青山依然很擁擠，於是召開大會，有人說：「葵涌又新又好，不如由它接收油麻地精神科中心的病人吧！」因為油麻地是一個主要的收症來源。盧懷海說：「好！好！葵涌接收油麻地，等青山可以喘口氣，沈醫生你同意吧？」我低聲回答：「接就接吧！」這可慘了，那些病人很 psychotic（精神錯亂）啊！跟着又接收急診，包括瑪麗醫院和聯合醫院的症。接着發生元州邨事件，病人家屬動不動就將病人推到門診部、急症室。不久，葵涌也「淪陷」了。

可不可以說說綜合醫院精神科單位的發展歷史？

沈：九龍醫院於 1971 年開創了全港第一個綜合醫院精神科單位，接着是聯合醫院，然後是瑪麗醫院。九龍醫院一開，盧懷海就找了陳培偉負責，而聯合第一個負責的醫生則是蔡崢嶸，之後是林達聰，再來是黃世和。那時黃世和從新西蘭回來，後來又回新西蘭去了。

你是最後一任精神科總顧問醫生，現在已經沒有這個職位了，你覺得有還是沒有比較好呢？

沈：當然沒有較好，我絕對無意貶低歷任總顧問醫生的功績，但因為以前規模小，而且政府的模式是由上而下，命令是從上面落到下面的。可是，現今社會卻是逐漸變得由下而上。如果太過家長式，怨氣會很大，也會脫節。那時我就對同事說：「我不想做老總，我不享受坐這個位置。」為甚麼下放權力是好事呢？這很現實，看看放射診斷學吧！他們曾經很威風，因為有何鴻超醫生。他的學術成就、家世、行業地位，都是出類拔萃的。他是放射診斷和放射治療兩科的總負責人。可是，當他一退休，下面的一班人資歷都不相伯仲，於是就需要去中央化，結果增設了很多高級職位。

醫管局成立了，趨勢應該向去中央化、地區化和聯網化方向發展。我曾經對勞振威說：「我們讓醫院和相關的門診分家吧。」他說：「總部未必同意。」我說：「那麼對外的依然由我出頭，但日常運作方面你就分開執行吧。」於是，他負責青山醫院、九龍醫院和東九龍；我就負責葵涌、油麻地和香港精神科中心。精神科服務發展終踏上令人樂見的一步。

你在醫管局總共任職多少年呢？

沈：共十年，1993 年至 2003 年，我是當了醫院行政總監後才轉為醫管局僱員的。我並沒有刻意經營要當上行政總監。在此之前我做了兩年總顧問醫生，在香港精神科中心和葵涌醫院都有自己的團隊。後來做了全職的醫院行政總監，我還帶領着盧德臨組成了一個 team（團隊）。但這樣對整個團隊並不公道。當時，盧德臨還是高級醫生，負責的是東九龍精神科中心。

你剛才提起你岳父 Dr. George Ou，我們知道關於他的事甚少，你可不可以講一下？

沈：他是華僑，中文名叫做吳達偉，在毛里裘斯出世，他爺爺是「賣豬仔」過去的，在那邊開文具小商舖。華僑鄉土意識很強，他在毛里裘斯讀完中學，就回到中國，在上海震旦大學習醫，在那裏獲頒獎學金，也在那裏結識了我岳母。岳母是低他幾級的，也是讀醫的。讀完書，家人希望他們回毛里裘斯繼承父業，他不願回去，就去了英國深造。

學成之後打算回中國找工作。豈料碰上 1949 年回不了大陸，就來了香港。到了香港後，他倆又再取得執業資格。當時香港醫生很少，港大畢業生一年只得幾十個，但當中有不少都移民去了外國，或私人執業，以致公立醫院的醫生人手嚴重不足。當時，香港政府已經預計到將來精神病人可能沒有地方可安置。因為以前可以送去廣州芳村醫院，但 1949 年後就不可以了。因此，計劃興建青山醫院。那時有很多難民醫生由內地來找工作，包括我岳父、岳母和鍾祖文。他們多數做些別人不想做的

工作，例如監獄醫生、警隊醫生。我岳父就是當了警隊醫生，而鍾祖文則在九龍醫院的急症室工作。

　　有一次，有一個外國男孩游泳時觸電，送到九龍醫院時已經皮膚發黑，全身冰涼，死了。鍾祖文一看，沒得救，就簽了死亡證。但當時外國人很橫蠻，說他沒有為男孩做急救，就投訴他。鍾祖文就對我岳父說：「這種工作真不好做，不如看看有沒有其他較好做的？」那時 P. M. Yap（葉寶明醫生）來了，要發展精神科，高街很需要醫生，政府就安排他們轉去精神科，又招收了 Stella Liu（劉曼華醫生）和 Sophia Liu 兩姊妹。Stella Liu 很用心，醫生、護士、社工的角色她都做。她甚至聘請沒工作的出院病人去她家當家傭，有些病人被丈夫打至病發入院，出院後沒地方住，她就讓病人去她宿舍住。病人跟她很熟稔，很信任她。她對該病人說：「今晚去我家睡，明日才告訴老公。那麼，下次他喝醉一定不敢再打你了。」這些土法又真的有效。

　　於是，精神科就由我岳父和鍾祖文等一班非本地醫生做起。政府後來送我岳父去 Maudsley 深造了三年，所以他就一直做下去。他同 Singer 一起創立了青山醫院戒毒中心。後來青山醫院開了，高街亦隨之關閉。青山最初分男女院，是兩間醫院，Singer 負責男院，病房較多，人手也較多，主要是男職員。那裏有一班英國男護士，號稱「十八羅漢」。女院則由我岳父負責，也有另外一班醫生護士。兩邊的醫生也不會互相調動，當夜班的就要看顧兩邊，但日間就分開，宿舍也是分開的。後來 Singer 離任，盧懷海接手，兩者才合而為一。

Dr. Ou 後來是不是私人執業呢？

　　沈：當時他是總顧問醫生，在精神科總部香港精神科中心上班。當年他亦參與創立美沙酮診所。原本計劃做 550 個症，怎料卻做了一千多個，於是政府發現原來需求那麼大。可是要成立精神科醫院，就要抽調診所的精神科護士出來，那誰負責派藥呢？後來想到由醫療輔助隊負責派藥。但診所還是需要醫生，於是蔡永業對我岳父說：「你也快退休了（當時 55 歲退休），不如你去負責那個美沙酮服務，就可以做到 60 歲，甚至 65 歲。」我岳父就答應了。哪知道做了幾個月後就覺得很沉悶，因為只有他一個醫生，沒有合作的團隊。他說：「如要這樣再做下去，我就會和精神科脫離。」於是，他就在 55 歲那年正式退休，開始私人執業。後來他一直做到 80 歲呢！

你與 Prof. Yap（葉寶明教授）有接觸嗎？

　　沈：他是我的導師。我們去高街上課，他會安排病人進來，讓我們問症。每節兩個學生，每人負責一位病人。然後，他同時為我們講解兩個個案。他給我的印象就是個很禪的智者，因為他常常說些哲學呀、社會學呀，和醫學好像沒有大關係的東西。當我們向他匯報診視病人的結果時，他會簡單說出我們的做法對或錯，之後就開始說他自己的東西。他說的內容很深奧，但卻說得十分動聽。他英文水準非常好。那時 MacFadzean（香港大學內科教授）曾經評論阿 Yap 說：「You know, he is a genius. 他的英文比大學的 professor of English 還好！」

葉寶明教授二三事

那他的廣東話又如何呢？

沈：他懂廣東話，不過說得不十分流利。他來自檳城，和李光耀同時在劍橋就讀，兩人都搞學生會，兩個都是一派之首。他說話東一塊，西一塊，天馬行空，有時又會笑一下，很有啟發性。但是如果你問他這樣那樣的病症要怎麼做時，他很少會說給你聽。不過我聽師兄們說，他初來時還會親手做前額葉腦手術（Leucotomy），他在青山醫院工作時，就會使用 pre-orbital cut（眼窩上切入法）。

Pre-orbital cut 是怎樣的？

沈：就是從眼睛對上，在眼窩上方（upper floor of the orbit）切入，他們說拉出來的時候，還會見到少許腦組織。我們初接手的時候，都見到有 post-lobectomy 的病人，他們都有典型的 frontal lobe syndrome（腦前額葉症候群）。長期病患者住的病房內還有很多奇難雜症。

曾經有個住了二十幾年、四十多歲的病人，有天突然不能走路，一站起來就跌倒。腦電圖又只顯示他是擴發性異常，而且普通 X 光造影照不到甚麼，既沒有發燒，又沒有頸僵硬（腦膜炎徵狀），到底是甚麼問題呢？病房主管說：「做個腰椎穿刺（用於抽取腦脊髓液）吧！」做了腰椎穿刺，糟糕！流出來的腦脊髓液，竟然是珍珠白色的，這是我第一次接觸到隱球菌腦膜炎。我說：「糟啦！」我要抽取一個樣本，拿到隔壁那個化驗室，實驗室技術員大叫：「大家停手！是真菌！不要開風扇，大家戴手套，戴口罩！」然後用印度墨水做反差劑，在顯微鏡下，見到一顆顆隱球菌。

長期病房奇難雜症

又有個大頭仔，不知為何頭總是側在一邊，我摸一下那一邊，發現會悸動，原來有個很大的動靜脈畸生。總之，很多很古怪的事物。

很多人都有啟蒙老師，或者受某本書影響，那你呢？

沈：啟蒙老師是有的，而且不只一位，我岳父就是其中一位，他做人的態度令我深受感染。他很隨和，不與人爭一日之長短。Singer 亦令我很佩服，他很有計劃，很清楚自己在做甚麼。盧懷海則心地很好。雖然大家做事方式不同，比較難合作，但彼此都會欣賞對方的工作能力。精神科確實是臥龍藏龍之地，而且當中有很多好人。

2016 年 12 月 31 日中午，我們一行四人，與沈醫生在九龍木球會，一邊品嚐着美食，一邊傾聽沈醫生將他三十多年來，在精神科的所見所聞，娓娓道來。眼前的沈醫生，態度謙和，令人如沐春風。兩個多小時的訪談，彷彿在眨眼之間便過去了。沈醫生為香港精神科的發展，作出了巨大的貢獻，然而真正令人感動的，卻是他隨和、低調、不居功的性格。我們謹以以下這段道德經，為本文作結：「上善若水。水善利萬物而不爭，處眾人之所惡，故幾於道。居，善地；心，善淵；與，善仁；言，善信；政，善治；事，善能；動，善時。夫唯不爭，故無尤。」

上圖 | 訪問後留影，左
起：潘佩璆、沈秉韶、李
兆華、黎文超。（李兆華醫
生提供）

戰後香港精神科口述史

　　濫用藥物原是指不正當地使用某些藥物，例如鎮靜劑、興奮劑及氯氨酮等。然而今天，「濫藥」一詞也涵蓋一些非藥用的物質，例如海洛英、大麻、有機溶劑，以及可卡因。

　　濫藥和精神科的不解之緣，起於：

1.　這些被濫用的物質，都能為濫用者帶來各種精神狀態的轉變，例如鬆弛舒暢的感覺、興奮等等；若大量使用，甚至會產生幻覺、妄想、躁狂等精神病徵。而異常的精神狀態，正正是精神醫學關注的範疇。

2.　不少被濫用的物質，都有令人成癮的副作用，令濫藥者難以自拔，因此濫藥也是一種影響深遠的行為問題。而治療各種行為問題，也是精神科醫生的份內事。

3.　研究發現，長期使用某些被濫用的物質，可令人患上精神病，例如酗酒會導致抑鬱症，甚至認知障礙症。而大麻亦可能誘發精神分裂症。患上這些病的人都需要接受精神科治療。

04

遊說彭定康重建醫院的院長
張鴻堅醫生專訪

文｜李兆華（前言）、黎文超（正文及後記）

日期｜2015 年 7 月 20 日
地點｜張鴻堅醫生醫務所
受訪者｜張鴻堅醫生（張）
採訪者｜李兆華、潘佩璆、黎文超、陳木光

上圖｜張鴻堅醫生（李兆華醫生提供）

張鴻堅醫生為香港歷來精神科醫生中最有貢獻及最受歡迎的醫生之一。這是毋庸置疑的，精神科學會剛於 2016 年頒了一個類似終身成就獎的獎項給他，這可謂明證。

筆者曾經與張醫生共事。張醫生的臨床經驗豐富，學識淵博。筆者受教於他，得益不少。他最擅長整理、綜合，再用自己簡單的言語教導後輩醫生。茲舉一例，他教我們診症的 formula：「symptom、syndrome、aetiology」。先考慮病人有哪些病徵，確定之後再進行思辯。那一堆病徵臨床上會成為哪一個疾病呢？再看看有沒有可醫治的毛病。

張醫生性格正直、愛才、不計算、不計較，尤其不重個人的利益，這一方面為他帶來幾乎全部精神科醫生的愛戴及信任，但另一方面亦帶來了一些麻煩。首先，他追求的是「真」。因為這個性格，他容許電視台進入青山醫院拍攝當時院內極度惡劣的環境。事後有某些人因不了解而對他作出指責，令到他當院長當得很不容易。及後他於 1994 年，乘機退下院長之位。張醫生身高中等，比較清秀。表面看不苟言笑，實則他是許冠文一派，一到笑位，他的「punch line」自然流露，常引來滿堂大笑。

還有一件不為人知的事。他診症和管理都是穩陣派，求全面而不求快。誰不知他駕車卻是甚快，據說他還有賽車手的經驗呢！

總之，尊張鴻堅醫生為香港精神科五嶽之一，他是當之無愧的。

當初你為甚麼選擇精神科？

張：其實我當初並未選定精神科。我在 1971 年從醫科畢業，當了一年實習醫生後，開始了醫務生涯。起初打算當皮膚科醫生，因為感覺皮膚科醫生生活比較悠閒，但可惜沒有空缺，所以在等待皮膚科空缺時便當上精神科醫生。但是一年後，當皮膚科有空缺時，我已經對精神科產生了某程度的興趣，所以決定留下來。我沒有後悔當時作的這個決定，事實上我對這科越來越有興趣。每位病人都有他的故事，聽他們說故事是非常有趣的事。

精神科專科在當時並不熱門，當我告訴朋友選擇精神科時，朋友們都問：「你是否傻了？」但是多年後，精神科已經成為熱門的專科，現在很多年輕的醫生都要經過很大的競爭才可取得這個專科訓練。

你曾經擔任青山醫院院長，青山當時的狀況如何？

張：青山醫院在 1961 年成立，它是一間十分先進的精神科醫院，環境比高街精神病院好得多。但是開院不久，已經變得十分擁擠。

我當院長時，當別人問青山醫院有多少張病床時，通常要給出三個答案：1. 設計時是 1,200 張；2. 官方答案是 1,900 張，這樣來反映它的擁擠；3. 真正的病人人數卻是很多，高峰期有 2,300 人。

你可能會奇怪，為何能夠容納這麼多病人？答案是將床頭櫃搬走，再加床位，床與床之間根本沒有空隙。

你一手主導青山醫院重建計劃，過程是怎樣的？

張：1989 年，電視節目《鏗鏘集》拍攝和報導青山

醫院的情況，我們以實話實說的態度回答攝製隊的提問。因此，青山醫院觸目驚心的實況暴露於公眾眼前。而且，多年來太平紳士的巡察報告也發揮了重要的作用。結果英皇御准香港賽馬會撥款五億港元來重建青山醫院。最先是建成二座馬蹄形的病房大樓。它們建得很美，也奪得了建築獎。

隨後是行政樓（明心樓）的落成，但是資助金並不足以支付整個醫院的重建工程，需要額外的資金。

在政府作出決定前，布政司霍德到訪視察青山醫院的實際情況，連港督彭定康也來了。我們小隊便帶領着彭督參觀。我們原本打算帶他到右邊的病房，彭督突然問：「左邊的也是病房嗎？」

我答：「是。」

彭督就說：「我想看一看左邊的，而不是這個右邊的。」

右圖｜港督彭定康訪問青山醫院，由張鴻堅醫生陪同。（張鴻堅醫生提供）

這就是彭督的風格吧！幸而他所到之處都是慘不忍睹的景象，結果行政局決定加撥十億多港元，令需資二十多億港元的工程得以完成。

重建工程分階段進行，一座新的病房大樓建於原來的足球場，另一區的病人搬入新大樓，便騰出舊病房重建。當整個重建計劃完成後，一個藍球場在 I 房和 J 房的原址上建成，以代替原有的足球場。

早期青山的精神科醫生的生活是怎樣的？

張：現在的精神科醫生過的生活與我們 40 年前很不一樣，當時大部分醫生都住在宿舍，只須付部分租金和雜費。

青山醫院位於很偏僻的地方，只有青山公路可與市區連接起來。由大路轉入小徑，你會看到有一個有坦克車標誌的路牌，這是說附近有坦克車走動。走過小路後，有一個有鴨子在游水的池塘。在路旁有一間萬昌隆士多。沿路再上，有幾間平房，是給醫生和高級護士長的住房，還有幾間醫生候召室。

我和沈秉韶醫生各佔用一間候召室，不用支付水費及雜費。結婚後，我搬入宿舍，生活就像入住村莊，每天放工後，我們經常互訪。

有一次，我懷孕的太太曾被一頭公牛在小丘上追逐過，這可見當時青山仍是何等的荒蕪及與市區隔離。現在這些宿舍已全部轉型，改為為病人服務的復康院舍。這一切生活的點滴整合起來都是甜蜜的回憶，不像現在都市的人們只着緊地為自己而生活。

聽聞青山醫院「無啖好食」，張醫生平時是如何「醫肚」的？

張：當時飯堂由亞洲辦館營運，它提供簡單的早午晚餐予病人和職員，也開了一間士多，提供食品及日用品，以迎合患者需求。我對食物不是很挑剔，加上要走很遠的路才能到院外的餐廳，因此我多數在亞洲吃午飯。事實上，我很享受亞洲的食物，尤其是吉列豬扒飯！到現在也未能碰到比亞洲做這道菜做得更好的餐廳，訣竅可能是它添加了檸檬汁。此外，亞洲送餐到我的院長室，一個月才結數一次而不用逐次付清，很方便。所以除非有特殊情況，否則我大概都會光顧亞洲。

當年精神科醫生都流行去英國「浸鹹水」，你是何時去英國深造的？

張：我於 1972 年加入青山，1976 年才去英國深造的。那時政府每年都會保送兩名精神科醫生到英國深造一年。有很多資歷更深的醫生在前，例如黃世和、老洪達和趙榮昌，我本以為自己到退休時也未有機會到英國深造。可是突然間，許多前輩離開了這專科，當中有一些則到了外國，所以我很快就得到海外培訓的機會了。

1976 年，我到了倫敦 Mausley 醫院及精神病學院（Institute of Psychiatry）接受培訓，同期的還有吳敏倫醫生。我在那裏跟三位精神科大師學藝：老人精神科的 Dr. Felix Post、法醫精神科的 Dr. Peter Scott，還有腦神經精神學科（Neuro-psychiatry）的 Dr. Alwyn Lishman，每一位大師我都分別跟隨了三個月。

負笈英國

這個培訓旅程獲益良多，離開時一定依依不捨吧？

張：哈！其實我原本計劃在暑假去歐洲一行。然而，在第九個月末，盧懷海醫生便命令我立即回港工作，就這樣提早結束了海外培訓。

學成歸來，工作上有甚麼轉變？

張：回港後被安排到香港精神科中心（HKPC），工作了半年，直至南葵涌精神科中心開幕，我當上了那裏的第一位精神科醫生，共當了三年。之後我被調回青山醫院，升職為顧問醫生。

升職加薪重回青山，當時很高興吧？

張：可不是。由於青山醫院地點較遠，很少人喜歡在那裏工作，即使有晉升前景，也是不太願意。我太太很大膽，她直接打電話給當時的主管顧問醫生盧懷海說：「張鴻堅不想入青山。」其實是張太太不想去吧！盧醫生沒有接受她的意見，所以我還是升了職，並在青山醫院工作。

關於青山醫院「院長」和「行政總監」之間，曾經有過一些混亂，是甚麼原因？

張：我在 1986 年起擔任青山醫院院長（Hospital Superintendent, HS），我也是在青山醫院服務最長時間的院長。在醫管局成立時，院長一職在其他醫院都被廢除了，換上醫院行政總監（Hospital Chief Executive, HCE）的職銜。我藉此機會宣佈不會申請 HCE 職位，後來吳漢城醫生榮任 HCE。然而，根據《精神健康條例》（*Mental*

左圖｜張鴻堅醫生與吳漢
城醫生（右）（張鴻堅醫生
提供）

Health Ordinance, MHO），院長（HS）的角色仍然有效，
我仍然是 *MHO* 定義之下的院長。因此，醫院同時有行
政總監又有院長，於是造成了一些混亂。最後經過一些
程序，才修訂了《精神健康條例》，使 HCE 也同時任命
為 HS，吳醫生就一人兼任行政總監和院長的角色了。

除了院長，你還被稱為青山醫院的 CEO 啊？

張：哈！因為我經常發 E-mail 給所有員工，所以有
一個暱稱叫 CEO（Chief E-mail Officer）。

**CEO 只是說笑，其實在精神科的世界，所有有關
《精神健康條例》及醫務法律事務的問題，大家都會
請張醫生給意見，你可堪稱活百科全書啊！**

張：其實那是因為我當青山醫院院長的時間比較長，
因此遇到問題的機遇也較多。很多和法律有關的問題，
都必須有清楚的答案，隨着時間的歷練，才被奉為專家。

現在即使退出公共服務，但仍是會有醫生向我提出有關法律醫療的問題。

有關《精神健康條例》，你認為尚有甚麼漏洞？

張：我曾經撰寫一篇有關修訂 *MHO* 的文章。然而今時今日，我認為 *MHO* 已經很適合我們今日的社會了，在保障精神病患者權利和社會大眾之間已有良好的平衡。舉例說，過去一位被羈留住院的病人，並沒有申訴及覆核的機制。但是當精神健康覆核審裁處成立後，每位有關病人皆可每隔兩年進行一次覆核，經過多年後，我並沒有察覺任何濫用的證據。

另一個近年時常討論的問題是「社區治療令」（Community Treatment Order, CTO）。在香港，我們有一項條例叫做「有條件出院」（Conditional Discharge），但這只適用於那些有暴力傾向的病人，可是 CTO 可以適用於那些沒有暴力傾向，但卻有自殺或抑鬱的病人。如

果我們要修改法例，那麼我們也要給精神科專業人士更多權力去處理強制的權利。這個課題很值得討論，但就以目前的情況來看，現在是滿意的。

你雖然不是在大學教書，但是也發表過不少文章，可以介紹一下嗎？

張：我很喜歡發表文章，我寫了差不多 370 篇論文。最廣泛被別人引用的是 1981 年在《英國精神病學期刊》（*British Journal of Psychiatry*）發表那份。它是討論精神分裂症患者在服藥三至五年後，被認為完全康復後，是否還需要繼續接受治療？我把病人分為兩組，一組將原有的抗精神科藥物（Anti-psychotic drugs）改為抗焦慮藥物（Benzodiazepines），另一組則繼續服用原來的抗精神科藥物。結果顯示持續治療是對患者有益的。

其他研究包括：病人在六天內誤給超過 1,000 毫克的 Modecate（一種常見的抗精神科藥物），原因是職員把醫生處方「四星期一次」誤讀為「四小時一次」。我深入追蹤病人的身心變化。出乎意外的是，病人只有在數日內出現很小的副作用。

我還有一項研究是追蹤那些不依期覆診的病人。我想知道哪種方法最有效？當中有甚麼分別？結果卻發現各種方法並沒有甚麼大的差異。

還有一個有趣的研究，是計算在新移民中的精神病患者和當地人之間的比例，結果發現精神病在移民中更為常見，但智障比率卻較少。這顯示新移民有較高的精神壓力？還是甄選之故呢？為了測試這一點，我把新移民分為兩組，就是合法和非合法來港的新移民。結果顯

示，那些合法來港的新移民有較高的精神病發率，原因可能就是經過甄選之故。

2015 年有一宗案件，需要請你在法庭提供專家意見，可是最後發生了很多討論，其實是甚麼事情呢？

張：你是否指那宗傳媒廣泛報導的謀殺雙親案件？控方認為被告沒有精神病。我作為專家證人，我確切相信被告是有精神病的。後來我要求提供額外的專家證人，結果專家證人和我一致相信被告有精神病，可是診斷方面卻有差異。陪審員和法官在沒有選擇的情況下，唯有採納被告沒有精神病，將他視為一個正常人而作出裁決。儘管自己的意見不被法庭接納，是一個痛苦的經歷，但該次事件令我學習到的要點，就是專家證人並不是越多越好的。

對於法庭審理的案件，你還有一些難忘的經歷嗎？

張：現在法庭審理有關精神病人的案件，最普遍是店舖盜竊和偷拍裙底的案件。這些都是一些對生活壓力無法面對的不正常舉措。干犯這些罪行的人，往往認為自己對社會的傷害甚少。其實這些都是藉口，因為還有更多更容易被社會接受的方法可用來減輕壓力。

你見過的個案真的很多，可以提供一些有趣的例子嗎？

張：在我的退休晚宴上，我分享過一個小故事。有一次，在小欖精神病治療中心，見到一位病人，他對我說：「1+1 等於 10」。這令我感覺到將會有一些突發事件

發生！就在這時候，那病人突然拿起洗手盆的肥皂，放進口中咀嚼。我沒有多加理會這種低風險的舉措，可是在隔鄰房間的總監無意中看到病人的情況，便衝入診症室，做出一個我從來沒有看過的動作。那總監用手在那病人的頸上「剁」了一下，那肥皂隨即從病人口中以拋物線弧度飛吐出來。我相信這個動作是久經練習下練成的，而這場鬧劇也宣告結束了。

又有一次，在南葵涌精神科中心，在我會見一位有歇斯底里症的女病人期間，她說她想死。我雖有將這情況寫在病歷上，但我並不認為她真的想死。然而，她突然推開窗戶，爬出窗外站在平台上。我沒有作出特別反應，只是不慌不忙地繼續和她對談，問她的病歷，過一會兒，她為了要應對我的提問，覺得姿勢不太自然。我就說：「你回來坐吧。」

她說：「你要伸出手來，引領我回去。」

於是我伸出手來拉她，她也乖乖地從平台跨過窗口返回診症室，鬧劇也因此而告終。說到這些危機處理，

左圖｜病房大食會。左起：黎文超、黎佩如、麥愛慈、陳智德、張鴻堅。
（張鴻堅醫生提供）

我想說一個七字口訣，就是「軟、硬、拖、卸、散、變、面」。我不知道如果當時有旁觀者在場的話，這個理想的結果會否一樣發生，因為鬧事者會按照旁觀者的數目，來決定繼續或終止胡鬧。

1970 年代的精神科發展改變非常迅速，當時腦電盪治療十分流行，可以談談腦電盪治療嗎？

張：在過去的日子，因為第一代抗精神科藥物有較多的副作用，所以較常用腦電盪治療（俗稱「電腦」）。當治療效果不理想時，我們就會替病人電腦。

電腦過程須由兩位醫生輪流主持，一人當麻醉師，另一人當電腦機主機手。在一個治療日，可以電十至二十多位病人。偶爾沒有麻醉師在場，就會有俗稱「生電」的情況，即是病人沒有接受麻醉及注射肌肉鬆弛針，這些已經是很久以前的事了，而多年來亦無事故發生過。

在 1980 年，葵涌醫院裝配有立體定向腦外科手術室，似乎只做了幾個病例，因為我並沒有詳細的跟進，故我不能完全肯定。

有醫生告訴過我一個病例，有個患嚴重強迫症的病人，在進行精神科外科手術後仍然受強迫症的困擾，只是他把原來的強迫問題變成了「我的腦中有一個疤痕」。

談到青山醫院的擁擠情況，從 2,000 張減為 700 多張病床，這是如何辦到的？

張：即使在 1980 年，葵涌醫院開幕後，青山醫院的擁擠情況仍然未得到改善。直到 1980 年代尾，最大的影響似乎是來自社康精神科。其實有很多病人並不是病情

嚴重到不能出院，他們只是不適合住在中途宿舍，也沒有獨立生活的能力。於是，通過興建每間可容納二百多名院友的長期護理院，讓更多病人可以出院。這須與門診及社康護理配合，才能作出適時的處理，從而減少一些重複入院的個案，青山醫院的擁擠情況也得以改善。

其實真正的轉捩點，還是在 1982 年發生元州邨悲劇後。那時的情景我仍然歷歷在目。

那一天，我和一些比較新的醫生正在開個案研討會議，院長陳庭揚醫生突然衝進我的房間，大聲說：「大件事！有人斬死、斬傷很多人！」這悲劇中有六位死者，包括行兇者的母親和妹妹，還有幼稚園的小童。

自此以後，社會各界開始對精神科有真正關注。於是成立了一個工作隊伍，以應對那些有危險傾向的精神病人，連帶那些沒有那麼危險的病人，也有所得益。法例的修訂及優先覆診（Priority Follow Up, PFU）系統隨之啟動。而其中最重要的舉措，就是社康服務的拓展，例如中途宿舍。

在 1982 年之前，全港只有六間中途宿舍。然而，悲劇發生後，在很短時間內，已有二十多間中途宿舍正式成立了，第一間在事件後成立的是新翠中途宿舍。那時的阻力大多來自地區議會。當時，我亦作為其中一個專家去區議會解釋及遊說，期望得到他們的接納。在新翠成立後，其餘 19 間中途宿舍都陸續順利成立。一系列新的項目，例如庇護工場、輔助就業和社會企業等等都蓬勃地發展。

歧視往往源於不理解，如果可讓更多人認識精神病及接受這個病是可治療的，那便可以減少誤解。在一個

問卷調查中顯示，屯門區的居民比元朗區的居民更加能夠接受青山醫院，此為明證。

回望過去，你這頭千里馬有沒有遇上伯樂？

張：當我做初級醫生時，沈秉韶醫生是當時的「大阿哥」。另外，我很敬重盧懷海醫生，我覺得他為人正直。鄔維庸醫生雖不是精神科醫生，但他在精神康復方面的貢獻確是一個傳奇。

今時今日仍然保留有一個叫"CPH Quiz"的遊戲，這可說是一個長壽的遊戲，比《歡樂今宵》更加長壽，這到底是一個甚麼遊戲呢？

張："CPH Quiz"在 1983 年由李誠醫生（現在的中文大學教授，當時乃青山醫院醫生）建議而開始的。當時每天出一題問題，後來漸漸減少到每星期出一次。自此，每星期就從無間斷地持續至今，已經三十多年了！問答的總數到現在已接近 1,900 題。范德穎醫生曾開玩笑

右圖｜1996 年的張鴻堅醫生（張鴻堅醫生提供）

地說：「我們可以申請『健力士世界紀錄大全』之最長壽問答比賽了！」

　　起初只限醫生參加，但漸漸地也開放給所有青山醫院的員工。其他員工的知識水平並不比醫生低，甚至可以說更好。

　　今年（2015 年）因為應中文大學榮潤國教授及尤德醫院的鄧麗華醫生之要求，這個問答比賽現也接受新界東聯網及尤德醫院同事參加。為了增加趣味性，又每半年設一個獎項頒發給冠軍。換句話說，三十多年來每年頒兩次獎。這些都是我自己掏腰包的。這問答比賽不但對那些答題的參賽者來說具有教育及娛樂意義，對出題者其實也有同樣的效果。

遊說彭定康重建醫院的院長──張鴻堅醫生專訪

認識張醫生已 40 年了，他是筆者接觸得最多的一位青山醫院院長。張醫生在臨床、行政及學術方面的成就也廣為同業肯定。對於已退休十年的張醫生，筆者覺得有幾點很值得和大家分享

1. 一位很正直的君子醫生及院長：在過去十年來，筆者在不同的場合都仍然聽到大家對張醫生個人的正面評價。十年內的人和事已發生很大的變化，但人們還能很清楚描述張醫生的言行並給予讚許。

2. 一顆永繫及感恩青山醫院的心：2016 年 5 月，張醫生告訴青山醫院香港精神科學院將授予他 Honorary Fellow，以表揚他在精神科的貢獻。他說：「如果我有任何成就，那就是青山醫院的成就。」而且，與他在其他場合碰面時，他仍很關心各新舊同事及醫院的發展。

3. 一股持之以恆的終身學習及分享的精神："CPH QUIZ" 在三十多年前由張醫生創立，每星期一次的益智問題，不僅為各同事帶來最新的精神科資訊，而且使各人可以在輕鬆的氣氛下學習。張醫生很用心地出每一道題目，而且在過去三十年，都是他自己掏腰包去購買每半年一次的獎品。現已到了 QUIZ No. 2013，真希望有機會看到 QUIZ No. 3000、QUIZ No. 5000⋯⋯

　　精神病種類繁多，嚴重程度也各異。一般人若患上較常見、較輕微的精神病，可以像患上任何疾病一樣，去尋求治療。可是有些患上了比較嚴重的精神病的人，他們可能失去病悉感，以致不知道自己有病，不知道自己需要接受治療，他們不能照顧自己，甚至對自己或他人構成危險。在這情況下，精神病患者可能需要強制住院觀察、治療，甚至由其他人代他們管理財產及個人事務。這些決定會損害他們的個人權利，但卻無可避免。香港法例 136 章《精神健康條例》的誕生，就是為了保障精神紊亂的病人得到他們應有的治療和照顧，同時也顧及他們的個人權利。

　　條例分四部分：

　　第一部分是名詞定義及權責界定。

　　第二部分是有關處理精神上無行為能力者財產及個人事務的規定。

　　第三部分是強制治療及相關事務的法規。

　　第四部分則包括精神紊亂者的刑法責任及代替精神上無行為能力者決定醫療程序的規定。

05

中文大學精神科學系崛起
陳佳鼐教授專訪

文｜李兆華

日期｜2015 年 7 月 10 日
地點｜陳佳鼐教授醫務所
受訪者｜陳佳鼐教授（陳）
採訪者｜李兆華、趙穎欣、黎文超、潘裕輝

上圖｜攝於陳佳鼐教授醫務所。左起：潘裕輝
先生、黎文超先生、趙穎欣醫生、陳佳鼐教授
及李兆華醫生。（李兆華醫生提供）

要數精神科的歷史，不單單是關於醫院。醫療與科學有關，當時需要大學科研的配合並培訓專業人材。而且醫療系統與市民息息相關，不是要將病人困在醫院的象牙塔內，而是要讓他們在康復後可以融入社區，活出自我，才是最終目的。

讓我們一起走訪大學及社區精神科的歷史巨人，首先我們由中文大學的基石開始……

<h2>早年經歷</h2>

可否介紹你的早年經歷？

陳：我於 1938 年出世，祖籍福建。小時因戰亂去了緬甸，在仰光讀書至中五，後因華僑學校沒得學英語，所以轉去一所天主教學校讀了一年，英語進步了很多，我的學業成績一向都很好。1957 年，考入了台灣大學，本可以讀醫科，但因我醉心文學，便進入了台大文學院。還和白先勇同班（英國文學）。一年後，我才轉到醫學院，但我仍保留我對哲學及美學的興趣。當時很窮，幸而台灣的僑胞有津貼，生活才勉強渡過。畢業後，第三年時我去做實習，時乃 1968 年，我遇到了我現在的太太，她當時是精神科護士。我們情投意合，並一起去了英國。

1970 年，我們在溫布頓結婚，之後去巴黎度蜜月。那時還是窮，她還得工作。而我除了正職外，還要做兼職才可以維持生活。我有一個兒子，以及三個女兒，現在全部都已成材了。

陳教授，可否簡介你的早期專業訓練呢？

陳：我是在台灣大學醫學院畢業的。畢業後我在台灣先接受了兩年的神經科訓練（neurology resident），第三年則是半年神經科，半年精神科的訓練。我就是在第三年開始對精神科產生興趣的。

當時有兩本書對我影響很大。一本是 Slater 的 *Clinical Psychiatry*。另一本則是 Sargent 的 *Physical Methods* 了。

之後，你去了英國深造，是嗎？

陳：我於 1968 年去了英國，起初是在威爾斯，鄰近 Cardiff，做 SHO（Senior House Officer，資深實習醫生），差不多一年後，我去了倫敦的聖佐治醫院，直至回港為止。在聖佐治，我接受了兩年訓練。跟着升職為講師，再升職為高級講師。

在 1972 年，我獲頒一年獎學金去了倫敦大學（University College London, UCL）。在那裏聽了很精彩的六堂課，都是由諾貝爾獎得主演講的。當年，由動物神經生物學的實習中令我領悟到只靠生物學是不能完全了解精神科的。

你來香港是要建立中文大學的精神科學系嗎？有沒有適應的問題？

陳：我於 1981 年來香港。因為我來自台灣，廣東話講得很差，所以我自願到大學的健康中心做醫生，打算用九個月來學廣東話。這段時間很寶貴，一來我的廣東話變得流利多了，二來我亦認識了港台之間的文化異同。

令我可以更快地適應香港。

其中有一件趣事可以分享。有一位患病的大學員工，他一知道我是教授，他的病便突然不藥而癒了。後來他發現原來我是精神科教授，他又突然變了嚴重精神病。我猜他心裏是這樣想的：健康中心讓精神科教授來見我，那我一定是「黐線」了。由此可見，一個人看待精神病的態度，對他個人的精神健康影響是很大的。

我來港的抱負是希望建立一個全人（holistic）的精神科學系。當然它一定要有科學性，但另一方面，社會、文化及心理的因素也是不容忽視的。

在教學方面，我也要求醫生早一些接觸行為科學。就這方面，我與社區醫學系的 Dr. Donnan 看法接近，令到這個教學方法可以推行。

我認為臨床經驗很重要，因為醫學不能紙上談兵，不能只教理論及書本知識，同學一定要很早便能夠向病人問症。起初同學們認為很困難，但不久後就全部克服了。而且這樣亦令同學可以提早去讀書及真正了解他們要接觸的病人。這令到病人及學生都得益。

中大醫學院剛開的時候，課程設計是要讀五年的。精神科的課程則被安排在第四年，有十週，每週十二節。我覺得一段比較長的學習時間對同學是有益的。至於考試，我嚴格要求學生臨床試一定要合格。當我與同學進行臨床討論的時候，我一定會討論病人的家庭及他的性格如何影響他的病。這樣，同學才可了解到精神科並不只是醫病（病徵、診斷、治療），同時還要醫人的心理。

慢慢地，學生及大學的同事都覺得精神科真的是很艱深複雜。這見解帶來兩個收穫：一是精神科在大學漸

被看重，另一個是開始連很有前途的醫學生都有意思選擇精神科。

另外，我亦盡量與其他學系合作，例如我會去內科教他們如何用減壓這個方法間接地去控制血壓。

你的香港精神病流行學調查世界知名，可否說一下詳情？

陳：我對文化影響精神這個課題頗有興趣，我覺得每一個地方都有它的特定文化，那麼每一個地方的精神病流行率亦未必相同，這引發了我要在香港做一個大型的精神病率調查的念頭。當時中大醫學院院長蔡永業醫生（Prof. Gerald Choa）對此很支持。而且，凱瑟克基金（Sir John Keswick Foundation）也大力支持，給了我們一筆頗可觀的款項——250 萬港元。我用這筆錢成立了 PERU 單位（Psychiatric Epidemiology Research Unit）。全盛時期，為 PERU 工作的有差不多 30 名成員。我這個（兩年的）沙田區調查是香港唯一一個在全世界最榮譽的學術刊物 *The Archieve* 刊登過的。在這個調查中，我抽樣調查了全沙田六分之一的家庭，差不多有一萬個家庭獲邀，而其中有 7,000 個願意接受調查。結果顯示：

1. 情緒病是很普遍的；
2. 女性與男性的情緒病普及率差不多；
3. 但他們的病徵不一樣。女性多是「向內」（acting in）的（如 anxiety、depression），而男性則多是「向外」的（如藥物濫用及濫酒、人格異常）。

我本打算再作更深入的調查。可惜，Sir John 在 1985 年去世，而基金也沒有再撥款，我只能作罷。這實在有

點可惜。

我覺得我這個調查是向上承傳葉寶明教授的精神文化學的研究，我們的分別就在於他做的是質量的研究，而我做的則是數量上的研究。

可否向讀者介紹你如何建立你的新部門呢？

陳：當時，我的部門有八個職位，兩位臨床心理學家（Clinical Psychologist）、兩位資歷較淺的醫生職位。另外四位則擔任資深醫生的職位。

至於醫生方面，盧懷海醫生請了康貴華醫生來幫忙，之後採取輪調制度。

聘請講師方面，我要找適合的。1982 年，有一次我去青山醫院出席一個臨床個案分享，當時是黃重光醫生做演說的，覺得他做得很好，所以回去後就邀請他來學校擔任講師。黃醫生經驗全面，加上每次個案分享，他都會預先寫講座背景資料，十分難得，也幫了我很大忙。

當時的中大精神科門診設在南葵涌，由蔡定國醫生負責。我們有兩個病房，一男一女，各 20 個床位。病房在威爾斯親王醫院頂樓，與其他部門同期啟用病房，兩個病房都是開放式的，但是門窗都是防爆的，以防止病人自殺。但我認為最佳的預防就是及早為這些病情嚴重的病人，尤其是有自殺、幻覺及妄想傾向的病人，給予最佳的診斷及治療。我認為不應因為怕事而不去負起這個責任，不肯去冒一定程度的臨床風險。

每一週，我們還有黃昏教學，這很受在職醫生歡迎。

那麼資深醫生呢？

陳：我其實也向本地醫生招手。但可能是這工作要求要有很強的科研資格，因此沒有本地醫生有興趣。我只可退而求其次，以六至十二個月的短期合約形式向海外招聘。因我長久在海外工作，故可以邀請到一些知名的醫生，如 Prof. J. Crammer，他在 Maudsley 是高級講師，也是《英國精神病學期刊》（*British Journal and Psychiatry*）的主編。另外，Prof. Berrios，他是在牛津畢業後轉到劍橋工作的，是個多面手，看法全面，他的強項是精神科哲學及精神科的歷史。Prof. Chris Yung，他和我一樣也是在台灣大學畢業，年紀比我大四年，由他教短期心理治療，極受醫生及護士歡迎。Prof. E Paykel，他曾與我在 St. Georges（聖佐治醫院）共事。另外，還有 Dr. Winston Chiu。還有一位芬蘭教授，以及一些來自馬來西亞及台灣的教授，當中有兩位是兒童精神病專家。

後來，我覺得要發展亞專科（sub-specialty），便叫了趙鳳琴醫生（Prof. Helen Chiu）去了 Nottingham 深造，待她學成歸來便發展老人精神科。至於兒童精神科則叫黃重光醫生去 Manchester 深造了一年，之後就投入發展了。

我聽說你在中大還有其他建樹，可否說明一下？

陳：很多人知道我曾經是中大邵逸夫書院的院長（Dean），但知道它的院歌是由我作詞的則不多了。我從小便對文學有興趣。當我做了院長之後，發現該書院應該要有一首鼓舞人心的院歌，我便嘗試作詞，再將我的歌詞稿拿去向我的前輩林聲翕教授請教。他說不錯，不

久，林先生便為這首詞譜了曲。林先生來自上海音專，後來在廣州音專做教授，譜了這曲後不久便去世了。所以這首院歌可算是他的絕唱了。（按：中大邵逸夫書院奠基典禮於 1987 年 1 月 12 日舉行，陳佳鼐教授獲委任為書院首任院長。資料來源：逸夫書院網頁）

另外，睡眠實驗室（Sleep Laboratory Centre）的緣起也很有趣。1986 年，有一個睡眠窒息症（sleep apnoea）的病人，很多醫生看過後也不得要領，其後轉介到我手上。我一看，發覺他的扁桃腺很大（kissing tonsils），引致氣管入口不暢順。（他的母親也留意到，只是其他醫生對她的觀察不以為然）。割除扁桃腺後，病便根治了。自此之後，我認為一個好的精神科部門應該要有睡眠中心。尤幸當時很多人同意我的見解，並有撥款的支持。之後，我便找了榮潤國醫生負責。

你退休之後還很活躍呢！

陳：我現在 77 歲（2015 年）。我是在 1998 年 60 歲時退休的。我終生都是在大學或科研機構研究或教學。每天工作 12 小時以上，早上 7 點至晚上 8 點。

退休之後，我用了六個月環遊世界。跟着在英國住了十個月，再下來我有三個選擇，其一是 Prof. Bruce Singh 及 Dr. Edmond Chiu 很想我去澳洲墨爾本幫手，但那裏的稅率太高，我婉拒了；其二，台灣大學亦想我返台，但基於台灣假期太少及症太多，我不喜歡如此忙碌；最後還是決定留在香港私人執業。剛好當時黃重光醫生搬去美國銀行大廈，有一現成房間。於是，我便在此執業至今。一來可以貢獻社會，二來亦令自己的經驗不會脫節。

你可以為你的精神科貢獻作總結嗎？

陳：我在中大 18 年，總算為它打好基礎，及為它定了方向，如下：

1. 科學精神、批判精神、求證精神。這三種精神一定是精神科的基石；

2. 但亦要兼顧身心兩方面，缺一不行；

3. 醫療一定要實事求是（pragmatic）；

4. 與病人關係一定要良好，給予病人的時間一定要充分，以及對病人有所了解和尊重。

現在，如我有足夠的空餘時間，或者我會寫一本教科書。

左圖｜陳佳鼐醫生攝於診所內（李兆華醫生提供）

訪問完結後，陳醫生高興地向我們介紹辦公室的藝術品，其中有一首乃他本人的詩句──《寄語 1997》。（鐵劃銀鈎的書法出自他的前度病人手筆）

北地飄柳絮，南國炎陽天，

乍暖還寒聚，相思夢寐間，

去日紫荊香，今時紅桃艷，

寄語南去雁，回歸報平安。

書陳佳鼐先生詩　丁丑年（1997 年）

1997 香港回歸是歷史！港人治港，高度自治。成敗得失，歷史自有功過；香港精神科發展也是歷史，記錄下來是我輩之責任，成敗得失則留待讀者自評。

神經病還是精神病？神經科和精神科有甚麼分別？　　文｜潘佩璆

精神是泛指我們心靈的活動，這些活動包含了我們的情感、思想、意志和行為。大多數學者都相信心靈有個物質基礎，就是我們的腦袋。腦是由許多神經細胞和其他細胞組成的，當一個人不幸腦死亡後，我們就再也看不到他有任何心靈活動。然而，心靈活動，並不全由人的腦結構所決定。我們的成長經歷、教育、身體狀況、外界環境都會影響着我們的心靈活動。因此即使具備同樣遺傳因子的孿生子，他們的心靈都不一樣的。我們一般常說的精神病，就是指所有主要影響人類心靈活動的疾病。而精神科就是醫治心靈疾病的學科。

嚴格來說，神經病指的是神經系統的疾病。人類的神經系統包括腦、脊髓和散佈全身的神經線。這個複雜的系統，負責我們的感覺、動作、思維和影響一些我們通常不會感覺到的活動，例如心律、血壓、腸胃蠕動等等。在香港，醫治神經系統疾病的專科有兩個——腦神經科及神經外科，前者屬內科，後者屬外科。

06

三十五年塵與土
李兆華醫生專訪

文｜潘裕輝

日期｜2016 年 12 月 6 日
地點｜李兆華醫生辦公室
受訪者｜李兆華（李）
採訪者｜潘裕輝

上圖｜李兆華醫生，攝於青山醫院辦公室內。（潘裕輝先生提供）

2016 年，青山醫院舉辦 55 周年開放日，各大傳媒的報導彷彿交響樂般奏起，其中一家訪問李兆華醫生，笑稱他是「青山活字典」。香港精神科發展廣泛，但無可否認主線是由高街精神病院和青山醫院帶出。青山活字典算不算是香港精神科活字典呢？

這本活字典銳意整理精神科歷史，並結集成書，只是遠在天邊近在眼前，何不直接請他娓娓道來精神科的種種？

三十五年塵與土

李醫生，你好，可否先談談你的背景？

李：我於 1957 年出生，在深水埗九龍仔大坑東徙置區成長，小學是寶安商會小學，僥倖地在 1968 年入讀英華書院。1975 年入讀香港大學醫科，於 1980 年畢業。於 1981 年，我與彭妙珊小姐結婚，育有一兒一女，皆已長大成人了。

聽說你一畢業就立即投身精神科，你為甚麼選擇精神科？

李：我本身對心理學和精神科有興趣，未畢業時已經考慮加入精神科，但令我更加堅決的是源於一個經歷。1980 年醫科畢業後，我們學生有一個月的空檔，就去了中國旅行。一個早上遇見一名精神病人在西安火車站胡言亂語，後來警察捉了這個人進房，即便是隔了一道牆，我們也聽得出警察在毆打這人。我很心痛！精神病是一

種病，打是不會打好的，他需要治療。我當時年輕，比較理想主義，覺得精神病人這種弱勢社群被錯誤處理，想要幫助他們。

回港後，盧懷海醫生找我面試，不消一分鐘就獲錄取了！當時主動申請精神科的人真的不多。

據說你是現在青山醫院內年資最長的醫生，請問你何時加入精神科？

李：我於 1980 年畢業，當過 Houseman（實習醫生），1981 年就加入青山醫院。

可否形容一下早期你在精神科工作的情況？

李：青山醫院是個大家庭，職員互相照應，互相關心，但缺點是沒有私隱。大家住在一處，真的是幾點熄燈睡覺都是眾人皆知的。我住 1A 宿舍（現時的青麟山莊），有三間房，同住的有 Dr. Andrew Chan 和陳榮達醫生。

那時未有屯門公路，只有迂迴曲折的青山公路（按：青山公路經過多番修改與擴闊工程，才有今天的順暢，

下圖｜現時青麟山莊的外觀（潘裕輝先生提供）

當年的確是極迂迴曲折）連接屯門和九龍。區內只有新發邨（現在的 V-City）及大興邨。由於未有屯門醫院，因此除非是患重症的病人，我們才會把他轉送伊利沙伯醫院治理。否則長途跋涉，等閒的症都不會轉出去的。因此當時我們精神科醫生都是萬能的，樣樣要自己處理，內科問題、糖尿控制、縫針拆線，甚至自己用顯微鏡去觀察病人大便化驗樣本。

甚麼個案需要用顯微鏡觀察病人大便化驗樣本？

李：嘿嘿！你聽過「疴房宮」（秦朝阿房宮的諧音）沒有？那時病人常有腸胃問題，有肚瀉的病人會調去專收「肚疴症」的 1 號病房，因此笑稱「疴房宮」。病人留了新鮮的大便樣本，用顯微鏡觀察，往往可看到活生生的阿米巴變形蟲。

以感染控制的角度來看，把相同病徵的病人集中處理來阻止傳播，是有效的方法啊！此外，還有一些特別用途的病房嗎？

李：那時 A 房是 Sick ward，即專門收身體疾病比較

上圖｜前 1A 宿舍，可看出
二樓有三個窗戶，當年住
有李兆華、Andrew Chan 和
陳榮達。（李兆華醫生提
供）

下圖｜1A 宿舍側面（潘裕
輝先生提供）

嚴重的病人。A 房對出是連接青松仙苑的叢林，偶爾有
蛇出沒。

病人的情況又如何？

李：當時有個不成文的「馬仔」制度，一些病情穩
定的病人，礙於生活問題未能出院，會幫忙維持病房運
作，而且有「行街證」可以出病房，在醫院內閒逛或去
飯堂買東西。這有如一種特權，他們會幫其他病人買零
食，幫到人而自己也有成功感。

**我加入青山時，「馬仔」制度開始慢慢消失，可能
是因為擔心有不公平的情況。其實很多病人生活都**

有點苦悶，會主動要求做一些類似學校值日生的工作，例如幫忙派餐或飯後抹枱等等。如果我們拒絕他們的幫忙，他們反而很傷心，以為自己小小的事情都幫不上，不被信任。

李：所以說「馬仔」制度有其治療性，有些工作項目仍然存在，只是制度化了，例如洗車。洗車這工作以前是院內的職業訓練，現在則由非政府志願機構（NGO）營運，帶領已經出院的康復者回來做。

有試過給病人襲擊嗎？

李：古龍的小說講得一點都不錯：「最危險的地方就是最安全的地方！」

以前香港普遍教育水平沒現在那麼高，個別病人習慣以蠻勁和拳頭解決問題，所以存在危險性。但是在你有所防備時，往往就是最安全。我試過一次被病人襲擊，是在我完全沒有想到的情況下，當時有一位女病人行過來，我以為她想向我說甚麼，誰知她摑了我一下，真的是最安全的地方就是最危險的。

你加入青山醫院時，青山醫院已經存在，傳聞你知道當年選址屯門，是源於高官路過撒尿時，看見青山優美而選擇此處，當時情況是怎樣的？

李：這個傳聞有其戲劇性，但欠真實性。高官撒尿也不出奇，問題是高官為甚麼會「路過」偏遠的青山？其實當時選址已經有定案了，他們只是特意前來視察。

那麼是誰選擇了在青山建醫院？（按：當時還沒有屯

門區，整段青山公路一帶都稱為青山。）

李：那麼要說一位無名英雄楊國璋的故事了。楊國璋系出名門，太太 Florence 是何東爵士的女兒（按：何東爵士另一名女兒 Irene，是新生精神康復會的核心人物，新生會艾齡樓 Irene House 就是以她的名字來命名。）。日本侵華時，香港淪陷，英國官員都被關進集中營，包括當時的醫務衛生署長。署長在入營前已經預知大禍來臨，就對楊國璋委以重任。楊國璋本來想逃回大陸暫避，也因此而留港。可是日本人也一併禁錮了楊國璋，當中他受過甚麼苦，就不得而知。

戰爭完結，香港重光，楊國璋得到英國的信任，就當上醫務衛生署長。

楊國璋一直大力推動精神科發展，要促成興建醫院，首先要遊說港督葛量洪。要知道戰後百廢待興，房屋、交通、教育、基建都是重中之重，葛量洪對精神科興趣不大，遊說工作相信不容易，但他成功了。

在選址方面，要選擇城市邊緣地方，要夠大夠遠但又要有交通可達。當時亞皆老街九龍醫院、荔枝角醫院及香港南區都考慮過，後來覺得這三個地方都不夠大，於是改往新界區覓地。

青山地段夠大，且有青山公路連接貫通，而臨近政府農場及虎地軍營，因此水電和交通配套都非常理想，而且青山醫院地勢稍高，所以沒有水浸的風險。

當時政府與小坑村地主買地過程順利。1954 年 8 月 19 日，青山這幅地皮就被用作發展精神科醫院。可是，今時今日仍有前業主的三個祖墳在青山醫院範圍之內。

青山醫院創院院長是葉寶明醫生，他是由楊國璋找來的嗎？

李：這件事有一個浪漫的傳聞。話說葉寶明喜歡旅行，一次在郵輪上偶遇一位香港高官，（1950年代航空尚未普及，郵輪是最主要的跨國旅遊工具），彼此談到精神科的發展，可謂知己難求，故請他來幫忙。這故事難以考究真偽，但卻具有戲劇化的電影美感。

我們曾經訪問以前在油麻地精神科診所工作的醫務社工薛棟先生，他形容以前和你「拍住上」，你何時在油麻地工作？

李：嗯……我於1982年至1985年在葵涌醫院工作；1985年至1986年在英國受訓。回到青山後，年少氣盛，

嫌工作量不夠多，跑去找盧懷海醫生商量。因此盧醫生就先調我去高街，再於 1988 年至 1990 年調我到油麻地精神科診所工作。

油麻地的工作繁重，當時全個新界及大半個九龍都是由油麻地診所負責。診所裏只有一位顧問醫生和數位醫生，工作雖然辛苦，但由此可以令自己更為見多識廣。

在那裏工作期間有一宗個案可以分享：當時診所隔鄰的圖書館附近都是咪錶停車位，那些車位大部分由癮君子操控，以詐取「入錶費」。其中一名癮君子便是我的病人。

他覆診時，要求我增加他的政府綜援金額，我說不可以！

他語帶雙關地恐嚇說：「你5時放工嗎？我告訴你，5點出門口，你要小心些！」

我那時初生之犢不畏虎，反客為主兇他：「嗱！你別想走，我現在感覺到你恐嚇我，如果你不是在恐嚇我，就澄清一下，並向我道歉！」

他即時「縮沙」，嬉皮笑臉：「醫生，你別這樣認真嘛。」其實這真是「玩鬥大」！

我知道他從我這裏一離開便要去見社工，我立即致電薛棟，告訴他這個病人的情況，只要我們口吻一致，立場一致，就不會被分化，我想這就是我們合作無間之道。

另外，油麻地有很多優秀職員。就算是前線叔叔（護理員），也非常醒目。有一次，有位負責控制人流的叔叔對我說：「李醫生，剛才你很危險啊！」

我驚奇道：「甚麼事危險？」

「剛才你有個病人背着大背包，我見他心神恍惚，着他留下背包，見完醫生後取回，我瞧見他袋內有把刀啊！」

所以說前線基層人員也是很重要的。

談到精神科，大家總會回憶起一些不愉快事件，例如元州邨事件。這些事情是痛苦的，但又對推動精神科發展有着重大的意義，你當時有參與過事後處理嗎？

李：我沒有參與事件，但之後的跟進有參與。元州邨事件後實行「優先覆核系統」（Priority Follow Up, PFU），把所有病人區分為 PFU Target（優先）和 Sub-target（更優先）。我們一班醫生要馬上取出所有病人的

記錄，就單憑文字，判定病人的優次，難免有不準繩的地方。

我個人來說不認為 PFU 是好的制度，因為這是一個行政制度，並非以病人的最大利益為出發點，太過強調病人的潛在危險性。我們醫生，應該着重治療，和病人同心同行，大家要互相信任。但在這制度下，醫生經常要思考：「他會否傷人？」病人內心又會想：「醫生不信我，告訴醫生會有甚麼後果？」大家要建立彼此的互信會比較困難。

你還有甚麼難忘的個案？

李：1984 年在葵涌醫院時，有個病人是菲律賓外傭，她的僱主出國旅行，留下她在家照顧幾頭小貓。這位外傭情緒有問題，必須立即住院，那天是星期六，那些貓如何呢？如果幾天都沒有餵食，牠們會否活活餓死呢？我趕急找醫務社工幫忙，結果如何？我也不記得了。現在回想，是個有趣的個案。

你本身很愛貓狗的嗎？或者你特別關注動物權益嗎？

李：也不是啊！我本身沒有養寵物，只是出於一份對生命的關愛。

今次訪問，其實很大程度是因為你號召了不少同道人，想製作一本有關戰後香港精神科歷史的書，其中一個原因，是想尋找精神科師承何派，其實精神科有甚麼派別？

李：我們精神科醫生和護士師承兩個派別。先談醫

天下武功出少林

生，是師承 Maudsley。Maudsley 以實幹為主，學術為副。並非傳統 asylum 式的管理，更着重治療。葉寶明及大部分的醫生都是由 Maudsley 訓練出來的。

護士則由夏老威（夏應生先生暱稱）把 Horton 派別帶來香港的。那時 Horton 正在改革傳統的 asylum 式的手法。Asylum 是指把病人禁閉在醫院集中處理，給予病人避難所的空間，也減低他們對社會影響的做法。而 Horton 的改革，是既要維持住院為主，同時也着重康復，重投社區之路。這是給病人的一條出路。

這兩派配合起來，其實非常吻合香港的需要，我們既要在偏遠的地方成立大型醫院，但又要給予病人重返社區的出路。打個比喻，如果 Maudsley 是精神科的少林寺，Horton 就是武當派，是當今最厲害的兩派。

老人精神科

你貴為老人精神科的部門主管，是該專科的最高話事人，又曾經擔任老年精神科學會的主席。請問老人精神科是如何發展出來而獨立成專科的？

李：人口老化是全球化問題，西方比香港更早發生。醫學上慢慢發現急性譫妄（Acute Delirium）及認知障礙症（Dementia/ Major Cognitive Disorder），這些病症需要獨立成科來處理。

我於 1985 年在 Maudsley 接受訓練時，原本想加入兒童及青少年精神科，可惜當時未有空缺，獨坐飯堂惆悵之際，Prof. Jacoby 剛巧同桌，彼此攀談起來，就收了我入老人精神科。Prof. Jacoby 是老人精神科的權威教授，我可算是出路遇貴人。

Prof. Jacoby 教授外出探訪病人時總愛帶我一起去，

我感到榮幸之餘，也大膽問他為甚麼會關照我。他笑笑說：「找你一塊兒，有兩個原因，首先你常在課堂發問，問題有時發人深省，所以再帶你臨床見證；第二個原因，是你高高大大，車輛死火時可以找你推車啊！」幸好他的車子也挺健康，我一直都不需要出手。

1993 年，港督彭定康關切老人問題，提倡社區為本的老人精神科服務（Community Orientated Psycho-geriatric Services），登報全球招聘顧問醫生，當時我身在新西蘭咸美頓市（Hamilton）當服務總監（Service Director），便回來香港應徵，成功後就重回青山醫院服務。我還記得上任那天是 1993 年 10 月 28 日。

你說你在咸美頓當服務總監？你甚麼時候移民了？

李：還不是因為「8964」！「89 年六四事件」，大家對香港前景不明朗，剛巧我在 7 月參加歐洲 14 天 12 國旅行團，最後一站是倫敦。我探望恩師 Prof. Jacoby。當時恩師介紹我認識 Prof. Paul Mullen，他是新西蘭的法醫精神科教授，我們談到精神科發展，談到香港前途問題。

「何不來新西蘭？」他一句話，我就遠赴新西蘭因弗卡吉爾（Invercargill）走馬上任了。短短幾年，我兩度升職，在新西蘭咸美頓市（Hamilton）當精神科服務總監。

人生果然充滿變數，柳暗花明又一村。回港後老人精神科發展如何？

李：當年我和余枝勝醫生和趙鳳琴教授（Prof. Helen Chiu）一同發展老人精神科。我們寫報告給周永新教授（Prof. Nelson Chow），提出發展藍圖。

上圖｜時任精神科服務總監的李兆華醫生，在新西蘭咸美頓（Hamilton）與眾同事合照。（李兆華醫生提供）

當時我們主要有兩大工作，一是建立工具，二是建立架構。

所謂建立工具，是要翻譯一些評估量表，例如簡短智能測驗（Mini Mental State Examination, MMSE）。

所謂建立架構，在行政上我們成立了老人精神科Working group，此組織後來納入了醫管局的機制之內；在學術上我們成立了老人精神科學會。

在當時來說，這真是創新啊！

李：談到創新，我還有些創新的事情。那時我構思在病房沉悶的牆壁上加一些畫，周鳳鳴姑娘找到油漆公司贊助，又找到大一美術學院的學生來幫忙，打算在病房 E 及病房 F 的牆壁上繪畫。開工那天是炎夏，我的一對兒女也來幫忙，豈料碰巧醫院停電，那份炎熱真是不

得了。後來彭定康來探訪時，也有來看過這些壁畫。

說起彭督，就想起他的夫人。我曾經邀請「狗醫生」、「貓醫生」來探訪病人，彭督夫人也很欣賞「貓醫生」、「狗醫生」，她還邀請我到港督府燒烤。

得知你快將榮休，回首這個精神科生涯，你有甚麼寄語後輩？

李：我姑且分享兩個想法，第一是「機會留給有準備的人」，要先裝備自己，機會來臨時才能掌握。第二，如何裝備自己？心態很重要，不要只顧眼前，要時常以更高一個層次的思維來考慮事件，例如當前線醫生面對問題時，可試試用「如果我是副顧問醫生，我又會如何做？」習慣想高一層，視野就不致太狹窄。

上圖｜2001 年李兆華醫生
獲行政長官頒授榮譽勳章
（李兆華醫生提供）

右圖｜李兆華醫生及潘裕
輝先生（潘裕輝先生提供）

訪問完結後，我抱着懷疑的態度跟隨李醫生尋找墳墓，竟在意想不到的地方看到意想不到的事，原來墳墓傳說是真的！三座墳墓規模參差，有石碑不翼而飛的，也有大興土木修葺的。

其中在青麟山莊旁邊的墳墓，刻有對聯，其中有「後枕青山龍祖聳　前朝綠水馬封崇」，如果青山是一塊福地，能夠福澤後人，那麼在福地之上建立醫院，又會有甚麼效果？

這時遇見一位資深職員，他回憶說：「對上一次開放日（2011年）時，有一大班高層陪同十八羅漢來這裏看宿舍及墓地。」其實墳墓住着先人，已成過去，但這連繫着的人心，卻是永恆。

每一個人都會塵歸塵，但每一個人都創造了歷史。歷史可以被遺忘，正如空墳無靈魂，但歷史會一直發展下去，就如精神科服務處處有生機。

急性譫妄症（Acute Delirium）及認知障礙症 （Dementia/ Major Cognitive Disorder）

文｜李兆華

精神病最粗略的分類，可分為器質性精神病、精神分裂症、情緒病、焦慮症、人格異常及濫藥等等。急性譫妄症及認知障礙症皆是器質性精神病的一種。

急性譫妄症常見於兒童或老人，當他們腦部或身體有毛病的時候，這個症會直接或間接影響病者的腦部，引致他們意識不清，部分更有幻覺及妄想，亦有血壓、體溫、脈搏的轉變。病情急且短。只要適當的治療，很快便會痊癒。

認知障礙症卻是一個長期病。患者初時有短期記憶力喪失，然後慢慢會影響言語能力、決斷能力及空間認知能力等等。病人不能自我照顧，更嚴重的可能需要專人照顧或須入住護理院。

雖然認知障礙症中有 60% 是由腦退化引起的，但有 30% 卻是由血管阻塞所致，所以不宜將認知障礙症與坊間用的腦退化症等同。

07

華人精神科護士鼻祖
夏應生先生專訪

文｜潘裕輝

日期｜2015 年 5 月 19 日
地點｜李兆華醫生辦公室
受訪者｜夏應生（夏）
採訪者｜李兆華、劉育成、黎文超、梅杏春、潘裕輝

上圖｜夏應生先生攝於青山醫院會客室（李兆華醫生提供）

張三豐之所以名流千古，並非因為天下無敵。當然，他可能真的是天下無敵，但這又如何能證明呢？說名流千古，是因為他開創了武當派，也開創了太極拳。「開創」這個光環，總是給人偉大的感覺。

今次訪問的夏應生先生（Mr. William Har，花名夏老威），就是「開創」香港精神科護理的人。他孤身一人前往英國，學成歸來後一手打造整個精神科護理架構，連帶日後的社康服務和職業治療，也是由他間接促成的。

今次面對祖師爺，細談往日奮鬥史，正是前事不忘，後事之師。

華人精神科鼻祖

請問你的家庭狀況及早年教育的情況是如何呢？

夏：我的籍貫是山東明城（近威海），威海曾屬英國殖民地 35 年，是英國海軍的避暑之地，所以文化上較英化。當中有一位長官，被調來香港擔任輔政司，他認為香港警察較「細粒」，應該要聘請一些身體雄壯的人當警察，所以提議招請印度人和山東人。從海外招攬而來的人更可獲特別津貼，家父便是當時獲聘前來香港的其中一人。（前）特首梁振英父親也是當時來香港的。

我在香港土生土長，是家中長子，我所就讀的初中校名已經不記得了。高中則在聖約瑟書院讀過。

請問你何時成為護士？

夏：當時家中經濟狀況不太好，即使想回中國升學，也因政治環境不容許而作罷。1949 年，我在瑪麗醫院當護士，在手術室工作，專門負責準備手術前的工具，表

現相當好。我對這範疇很有興趣，於是常常跑去圖書館找資料，後來寫成了一本「做甚麼手術就準備甚麼」的天書，瑪麗醫院多年都有採用這本書。

那麼，你何以加入精神科護士的行列呢？

夏：當時根本沒有精神科護士這回事，只是由普通科那邊指派年紀較大的護士來幫忙打針、派藥，日常管理則靠 orderly（雜務）阿嬸照顧病人，並沒有所謂精神科護理的概念。只是這樣情況並不理想，所以政府才決定派人去讀書。

另一方面，當時護士行業中有男女不平等的情況，男護士幾乎沒有晉升的機會。故此當護理教師 Mary Thompson 推薦了我，我也認為這是一條出路，終於在 1955 年得到前往英國接受為期 18 個月的精神科培訓的機會，開始了精神科護士之路。那次我們一共三男一女赴英。男生去 Horton 醫院，女生就去 Maudsley 醫院。

這次有甚麼深刻體驗呢？

夏：這次旅程有兩個深刻體驗：

1. 當時看到精神科護士和職業治療之間的合作無間，發現職業治療原來可以發揮頗大的功效，後來我便建議我的學生 Philips Chan 致力發展職業治療，他後來也出國進修做職業治療師，後來我有位姓許的學生亦當了職業治療師。看來，我間接推動了職業治療的發展呢！

2. 在英國，當時的院長 Dr. Walkins 是一位極開明的醫生，他容許病人在社區逛街，也說服當地人接受精神病人外出。這點令我印象很深刻，也影響了我產生發展

社康護士的理念，後來我鼓勵學生 Henry Wong 進修社康護士，之後他成為了社康護士的始祖。1970 年代末，我成功提議醫務署撥款，親自和 Henry Wong 一起開始了精神科社康護士服務（Community Psychiatric Nursing），Henry 現在已經在新西蘭退休了。談起社康護士服務，我還想起 Dr. Stella Liu，她非常關懷病人，擁有現代精神科的胸襟，還與 Woodman Lo 發展新生農場。

你何時回到香港？

夏：我在英國修讀完為期 18 個月的精神科護理之後，並沒有立即回港。那時候醫務署總護士長曾和我討論，商議在香港自行訓練護士的計劃。對此，我感到很有興趣，所以在 1957 年至 1959 年留在英國 London University 修讀護理教育（Diploma in Nurse Education），直至 1959 年才回港。

你在 1959 年回港，青山醫院在 1961 年開幕嗎？

夏：其實在 1957 年，青山醫院已經在興建中，亦有高街的病人陸續分批進駐。到我回港時，只剩女病房的建築工程未完成。同時亦開始培訓精神科護士了。

這就是香港精神科護士的誕生了，早期學生報名踴躍嗎？

夏：因為很多人不了解精神科，社會人士對精神科的興趣也不大，所以招生比較困難，只招到六個男生，至半年後才有女生加入，所以到 1960 年 1 月才正式開辦第一班。我記得其中弟子 Allen Ng 對歷史很有興趣，收集

了不少和精神科歷史相關的材料。

　　初時病房內並沒有正式合資格的護士，所以我和政府討論，學生畢業後可以得到精神科註冊護士的資歷。由於也要得到英國政府的認可，所以要由英國協助訓練。於是我們招聘了 18 位由英國越洋而來的男生，來當精神科護士及教師，那就是我們戲稱的「十八羅漢」。

外國人來香港當精神科護士，場面似乎極戲劇化，那時十八羅漢如何護理病人？

　　夏：十八羅漢從英國不同的地方而來，對香港沒有認識，出發前也沒有好好地向他們說明詳情，因此來到之後，他們都不明白自己來做甚麼，也不懂廣東話，他們大部分到離開香港時，也仍然是不懂廣東話的，我們可以想像他們和病人之間的溝通有多麼困難。

　　曾經有一位羅漢對護士學生說：「我們由英國來，就是負責訓練你，你不必理會其他人說甚麼，只要做好你的 project，並向我交代！」我知道後很光火，反向羅漢們說：「我是英國正式承認的教師，受過正式訓練的精神

左圖｜護士第一班及第二班畢業生，前排右三是夏應生先生。（陳庭揚醫生提供）

科護士，我們（香港）聘請你們來是負責幫忙管理病房的臨床事宜的！」

不過，其中兩位羅漢，是我從 Horton 那裏介紹過來的，而最後回英國的那個羅漢，便是一位積極為病人着想的護士。可是，很抱歉，我忘記了他們的名字。

傳聞十八羅漢後來多了一位女羅漢，成為 19 人，是嗎？

夏：好像是的，當時其中一位羅漢，帶同太太來香港，醫務署擺烏龍，以為她也是護士，後來發現她不是正式的護士，所以那只是暫時的。

你如何評價葉寶明醫生？

夏：葉醫生是香港第一位精神科醫生，學術成就極高，在高街時已經引進不少精神科的治療方法，包括發熱療法、胰島素休克療法、腦電盪治療、腦手術，不過他可能只集中在學術研究方面，有時候對病人的照顧不太徹底。

葉醫生不太明白我們訓練護士的需要，故只提供了一個課室，一個實習室，一個辦公室，僅此而已！我對他說需要多些文員，多些課室，也要醫生幫忙教書，但葉醫生不太合作。

你如何評價 Dr. Singer？

夏：我和 Singer 比較熟絡，很多人說 Singer 很「靚仔」，我不敢評論，不過他當年似乎有不少紅顏知己。Singer 讀書成績優異，中學時更獲取獎學金升讀香港大

學，大學時又獲取獎學金進修精神科。Singer 的爸爸在西環工作，媽媽是廣東人，當時 Singer 媽媽用中文寫信給他，Singer 卻不懂得用中文回信，就是由我幫他寫中文信的，我們的友誼就是這樣微妙。Dr. Singer 也想去讀書，他不惜用無薪假期自費去。他想在 Maudsley 找份工作，然而由於醫院缺乏經費，Maudsley 也沒有工作可安排給 Dr. Singer。

之後，Dr. Singer 打電話到 Horton 找我，因為我和院長比較熟絡，後來院長接納了 Dr. Singer 的工作申請及訓練，所以我和 Dr. Singer 接觸特別多，那是 1956 年的事，之後大家在青山醫院也合作得很愉快。

你如何評價鍾祖文醫生？

夏：談起鍾祖文醫生，我想起一件往事。鍾醫生在國內中山大學（前身為嶺南大學）出身，是第一位申請政府資助金去外國讀書的精神科醫生（第二位是吳達偉醫生）。

傳聞吳達偉醫生（Dr. George Ou）和 Dr. Singer 作風很不同，你如何評價？

夏：Dr. Singer 和 Dr. George Ou 分別是青山醫院第二任和第三任院長。如果比較起葉寶明醫生，George 對病人的處理不錯。George 是本地人，和病人有共同語言，相比葉寶明醫生是馬來西亞華人，且廣東話只是一般，所以與病人接觸時會產生少許問題。至於 Singer，他會說廣東話，只是不懂書寫中文。

我和 George Ou 亦挺熟稔，他太太也是醫生，在博愛醫院當過院長，她起初做院長時也面臨缺乏好護士的

困難。因為我的太太也是護士，並在診所和醫院都當過護士長，後來 George Ou 便拉攏了我太太去博愛醫院幫忙。

George Ou 早期工作時與 Singer 的意見不一，主要是在工作手法方面的不一致，這可能與他們接受不同的訓練有關。不過，他們都是好好的人。

George Ou 於 1949 年在上海震旦大學畢業，所以有人說他是大陸醫生，其實他讀完醫科後是在英國實習的。George Ou 作風溫文，在精神動力學（Psychodynamic）方面有廣博的認識，深入了解病人的內心世界，故此我欣賞他。可惜他在行政方面不太堅決，模稜兩可；相對來說 Singer 則是一位強勢領導者，作決定比較果斷。

George Ou 放工後會找我傾談有關精神科的事情，我們的想法很貼近，合作無間，所以我認為護士和醫生，應該是一個團隊內的合作伙伴，醫生應該多接納護士的意見。

最近，我遇到梁智仁醫生，他說：「我們是一個 team。nurse 是我們的 team member。」我很欣賞他如此說，這樣就有希望了！

你有甚麼人事上的大衝擊嗎？

夏：因為我經常勇敢提出意見，所以人事上的衝擊也有不少，我分享一下其中兩件。

1. 有個病人家屬問我關於醫療上的意見，我就大方回答她，原來她的家人，正正是陳庭揚醫生的病人。於是被陳醫生勸告我不可干預醫療，但我認為自己沒有做錯。

2. 有個護士學生，一到考試就出現歇斯底里的情況，於是就缺席考試。她在職員診所接受沈秉韶醫生的治療，可是她連續兩次都是這樣，我對沈醫生說不能無限期延遲考試，建議開一個 Medical Board，討論這個學生是否適合繼續學習，沈秉韶醫生卻不十分認同我的意見。

回想起這些事，我仍然覺得自己沒有做錯，我樂意和醫生合作，但亦要維持自己的尊嚴，有意見就會說出來。很多時當我堅持自己的想法，並得到總部接納時，我都覺得很開心。回想早期在瑪麗醫院時，麥花臣醫生接受我的做事方法，外科醫生也都對我很好，所以我那時就明白要維持專業形象和水準，才會贏得尊重，因此我對學生的要求也很高。

請說出一些令你難忘的病人故事？

夏：令我難忘的病人有很多，以下為其中兩個。

1. 當年在英國受訓時，有位很健碩但有暴力傾向的病人，要住在保護房（protective room），每次都需要一些強壯的職員來護理他，個子小的都不敢接近他。同事叫我不要貿然接近他，但我還是嘗試去和他接觸。後來，他接受了我，更和我談了很多，還對我很客氣，於是後來就演變成由我專門護理他。這件事令我覺得，善待病人是最重要的。

2. 在香港，有次我巡房時，無意中看到一班職員在制服一名狂躁病人。病人極力掙扎，其中一位職員，用腳踏着病人的頭。我大聲喝停，把眾人推開，查看病人的情況。事後那個病人經常多謝我，還對我說「當時我是清醒的，只是控制不了自己」。這件事令我深信，精

神無論多麼錯亂的人，總有一分清醒。絕不可對他們過分使用武力。

你有十大弟子，對誰最有印象？

夏：每一位都好，讀書勤力，且肯去大學進修。第一個去海外進修的是 Byron Cheung，其他學生當中也有肯去外國找機會，深造其他科目專業的。總部曾對我有所埋怨，說我不挽留他們，以致醫院人手不夠。但我認為這是兩回事，我真心希望學生有機會出外發展。

吳廣華（Allen Ng）和張達仁（Byron Cheung）是第一期學生，當時學生不多，可花較多時間去教育，之後我也有提拔他們兩位擔任教師。

Edward Lee 是第二期學生，他向醫院行政方向發展，後來轉去九龍醫院精神科工作，也很幫得手。有些同事雖然不是我的弟子，而是從英國過來幫忙的，他們都是好幫手，例如 May Lee。

當時出去英國進修的大有人在，總部也非常支持，甚至用高薪水來吸引護士到英國工作。第一批精神科護士學生中有三男二女去了英國 Horton，後來又有 Richard Wong 和 James Lam，其後 Eva Mak 也去了英國。Eva 其後回來香港工作，後來更升遷至青山醫院的護理總經理。

我對社區精神科念念不忘，因為早期在英國實習的經驗，令我覺得病人融入社區是好事。我提議 Mr. Lam 和 Kenny Wong 申請政府的獎學金進修社康服務，也提議 Philip Chan 進修職業治療，無意中，間接推動了整個精神科社康服務（Community Psychiatric Service）的初期發展。

　　說起社區，很多市民不明白精神病是甚麼一回事，
於是我便叫學生去中小學、社區去講解。當時社會福利
署亦有邀請我，先後兩次去和地區的職員講解精神病，
我亦乘機講述老人護理，因為當時他們仍未有這些概念。
後來，社會福利署的老人服務做得相當好。其實，我姪
女有參與管理社會福利署，她曾經當過署理署長。

**回想當年，可能有人會當高街精神病院是癲狂院，
其實普遍香港人如何看精神科？**

　　夏：高街的確被視為癲狂院，是癲人地方。我未入
行之前，對高街也有印象。戰前，我有個鄰居女孩，因
為有歇斯底里症，有時會抽筋，被人「捉」去高街，「關」

了一段時間又「放」出來。也不知道有沒有治療？有甚麼治療？早期根本沒有精神科診所，也沒有精神科醫生，透明度很低。

後來政府就改為在屯門區興建精神科醫院。

夏：其實在英國，醫院也選擇在偏遠區域。早期當局的思維是讓精神病院盡量遠離市區，隔離精神病人，後期思想較開通了，情況就有了改善。我很欣賞香港精神科用一個新名字——思覺失調。精神問題是思想和感知的失調，並不是甚麼癲狂，這個名字改得好，可以減少不必要的誤解。

你有甚麼工作未能完成嗎？

夏：1978 年，我在總部負責政策計劃時，提出醫療記錄電腦化，因為電腦化是時代的趨勢，不過這些建議一一被否決，因為懂得用電腦的人寥寥可數，有很多人反對說：「邊個識呀？你識咩？」我回應說：「我唔識呀，咪大家去學囉！」。無論如何，今時今日，電腦已經是

右圖｜早期青山醫院職員合照。背景的小山依舊，但人面全非。照片中見有職員手抱小孩，可能是帶着小孩回來拍照的，在現今的角度來看，是屬於家庭友善僱主吧！（Mr. Edward Ho 提供）

不可或缺的東西了。

你有甚麼話想寄語新一輩的精神科護士？

夏：我自己一心一意教書，覺得有份使命感，要令到精神科服務有所發展，令人不要覺得護士水準低。護理專業要爭取認受性。所謂專業精神，技巧掌握固然重要，此外更加要了解病人。道德好重要！亦要不斷進修。

右圖｜訪問當日的情景。左起：黎文超、梅杏春、夏應生、潘裕輝。（李兆華醫生提供）

電影《葉問 2》講到葉問來香港設館授徒，得不到其他武館的接納，過程困難重重。終於要在茶樓的餐桌上和一眾師傅較量，打出一片天空。最後他能夠成功，並非單靠一雙拳頭，更加是行事為人得到眾人認同。

夏先生身處殖民地香港，加入醫生主導的醫院，設館傳授精神科護理，在訪問的過程中，彷彿聽到他一次又一次在會議室的桌上，和不同的人較量，過程不是拳腳刀劍，但可以想像是唇槍舌劍。最後的成功，並非靠白臉包青天一般的談判技巧，而是對自己專業的尊重，才會贏得別人的尊敬。

　　1921 年，兩位加拿大醫生發現了胰島素及它的功能，漸漸知道如果身體不夠胰島素便會引致糖尿病。當時精神病還沒有好的治療方法，各類新的治療方法應運而生，並被一一應用。

　　發現胰島素後不久，一位波蘭醫生 Dr. Sakel 用胰島素去治療毒癮發作，發覺他可以降低脫癮者的不安及惡意。其中一次他誤用了稍高分量的胰島素，引致該脫癮者昏迷及休克。事後患者竟然反常地有了好轉。

　　於是他把此治療方法用於精神分裂症身上。他相信當病者進入休克狀態時，身體的極端壓力反應會自動產生一種身體及腦部的自我修復能力。經過一系列治療之後，病者可能可以重投社會。

　　這個治療方法於 1935 年至 1955 年之間被廣泛使用，後來因為精神科藥物的發明及一些嚴謹的調查，發覺它的療效未必太大，因此在 1960 年後消聲匿跡了。

08

流浪在癲房的普通科護士
宋少傑先生專訪

文 | 李兆華

日期 | 2015 年 12 月 1 日
地點 | 李兆華醫生辦公室
受訪者 | 宋少傑（宋）
採訪者 | 李兆華、黎文超、吳廣華

上圖 | 攝於訪問當日。前排左起：吳廣華、宋少傑；
後排左起：黎文超、李兆華。（李兆華醫生提供）

香港戰後十多年來的精神科服務都只局限於香港島高街的精神病院，由於年代久遠，當時在那裏服務過的同事已經各散東西，不容易找出來進行訪問。因緣際會，經介紹後知道宋少傑先生曾在高街服務過三年，當真如獲至寶。

宋先生雖然年紀不小，但記憶清晰，為我們提供了一個很好的全紀錄，見證了 1950 年代末期香港社會及精神科的情況，當時物質雖然貧乏，但仍然盡最大努力提供適切的社會服務。

周身刀張張利

你由 1956 年開始在高街工作過三年，可否談一談當時的情況？

宋：我其實是普通科護士，由 1956 年至 1958 年被借調到高街工作。

其實我不但在高街工作過，也有去青山醫院工作過。當時三個月一個週期，三個月去高街精神病院，接着三個月去青山醫院。主要做 7 號、8 號病房。再接着在其他地方工作三個月，如是者，不斷循環。

那麼除了高街及青山，你還在哪裏工作過？

宋：當時是半工作，半訓練的形式。記得我去過 PI（Pathological Institute，病理學部），即現在的醫學博物館那裏。當時我在太平山街那處學看顯微鏡，要學會分辨瘧疾（Malaria）及寄生蟲（Parasite）。並要學懂簡單地將病菌染色測試（staining）及看 CBP（Complete Blood

Picture，全血球指數，即看各種血球，從而推算出有沒有貧血及其他病）。

其實當年香港醫生極度不足，要靠一些大陸來的醫生為離島居民診症，而那裏甚麼設施也沒有，極之簡陋。我們和醫生要互相支援。當時香港的公共衞生不太理想，有瘧疾及各種流行傳染病。市民的個人衞生意識亦較差。啊，當時般含道有個馬房，養了幾匹馬，是用來生產疫苗（vaccine）的。

另外，我又會到社會衞生科（Social Hygiene Clinic，即政府皮膚病及性病的診所）工作。尖沙咀紅屋仔（即現在 1881，九龍公園徑的角落）是專門服務男病人的，而在西環前國家醫院改建的專科門診則專門服務女病人，主要是妓女。

最後，我也曾在位於北角電器道的中央藥房（Central Medical Store）工作，在那裏學習調校藥物。後來，各種咳藥水的調校方法我都學懂了，在那裏還學習了為骨折病人打石膏。

嘩，你豈不是「周身刀，張張利」？
宋：當時人手少。人人都要懂這麼多才可以應付。

我想你談一談高街。你們是否稱呼它為「大院」？
宋：有人會稱呼「大院」，但我不介意歧視，人家問我在那裏工作，我會直接說「癲房」。

那你有沒有使用「精神病院」這個名稱？
宋：這麼長，懶得用，說「癲房」，人人都明白。

談高街「癲房」

〔按：高街是指 1925 年西人及華人的精神病房，合併之後就叫域多利精神病院（Victoria Mental Hospital），此官方名稱一直維持至 1961 年。官方病床數目是 23 張，至 1938 年才加至 84 張。〕

高街病院的病房分佈如何？

宋：男區有兩座建築。近般含道的一座有三層，即是原西人病房；由下面數上去，分別是 ward one、ward two、ward three。

1 號病房有一位護士長，一張辦公桌用作收症，救傷車把病人由急症室轉送過來。我們要檢查清楚 Form 1 and 2（按：這是《精神健康條例》下精神病人入院的文件，當時程序比較簡單。表一是申請人，表二是太平紳士簽名，現在則有三張表格）。後面有一間治療室。在那裏進行的治療包括「撩鼻」（按：進行腦外科手術，應是普通人的誤會，正確是由眼球後進入，並不是由鼻進入），做 Insulin Shock Therapy（胰島素休克治療）。

2 號病房則是新症房。新收的病人住在這裏以便觀察及進行早期治療。

3 號房則是私家二等房，住的多是 VIP（非常重要人物），例如一些「爭產爭到癲」的名人親戚。記得有一位名人親戚有梅毒上腦。又記得有一些富有人家的後代是弱智人士，但又不想他出亂子，就收藏在這裏。還記得有一位醫生可能因為壓力太大，用藥物紓緩，自己打 pethidine。還有一位院長因壓力太大，曾經休養過一段日子。

下面第二座，在上面的是 4 號病房。5 號病房在地下。

4號病房的病人是由2號房轉過來的，待情況好轉後就會調房。

5號病房則多是慢性精神分裂症，雖然他們患病日子較長，但仍未見好轉，不過日常生活上麻煩不大。

二座對開有一個花園，後面是員工休息室，當時有很多員工都在此打麻將；再後面就有一個臨時殮房。

女病房我甚少過去，不太清楚情況，只知道有食堂、廚房、門診部、醫生辦公室，以及四個女房，還有醫生宿舍。葉寶明醫生的辦公室就在高街正面側向着公園。

病人多數都患有精神分裂症，另有一些患有梅毒上腦，還有數名患有抑鬱症及焦慮症的。

記得南海十三郎當時住在4或5號房。

那時，還有一些法庭判的症，其中有一個是在4號房的腦癇症病人，因犯法（可能是殺人，忘記了）被判無期醫院令（Indefinite Hospital Order）。他很幫得手，但卻很記仇。你若得罪了他，便死火了。要小心他會打你，一見他目露凶光，便要識趣地走開。

當時可能因為病院在市區，很多人都會來探訪病人。

至於病人的人數，我相信大約是160至200人左右。4號及5號房每房幾乎都有60人。而2、3號房又每房幾乎有20人，所以是有點擁擠，但又不至於說極度擁擠。醫生一般都會讓病人出院，那就有床位可以收新病人了。

那麼職員又有多少個呢？

宋：每間病房日間有兩位orderly（雜務），晚間一位。所以文職再加上全部orderly可能有三十多人。

那麼護士呢？

宋：至於護士方面，資深的護士上班時間是朝九晚五，其他的則要輪更：A、P、night（am、pm、night，即早午晚三更）。共有八位護士，包括我、Paul Lam、Joseph Hau、Peter Kwan、Alfred Kwan、David Wong（2015年去世）、Alex Poon 及 Anthony Ko。

有位值得一提的人物是楊錦雄先生，戰後不久，當時沒有護士願意加入精神科。政府便加了他兩個increment（增薪點）及授予他精神健康科的學歷，其實他應該是沒有修讀過或參加考試的。最後，他竟成為了精神科護士的 God-father（鼻祖），專做行政，他比葉寶明及夏應生還要早。

另外當時的 SNO（Senior Nursing Officer，高級護士長）都是鬼婆（外國女人），專責行政工作，我們都叫她們 sister。估計是戰後退役後來香港工作的戰地護士，但我們不知道亦不敢問她們究竟有沒有護士牌。

她們叫我們做 Dresser。可能在戰時軍隊裏面她們叫慣了，但我很不喜歡，因為我是正正式式有註冊（State Registered Nurse）的護士。後來又有個何澤權，他便取得了 RNP（Registered Nurse Psychiatric，精神科註冊護士）的資歷。

那麼你可以描述一下當時的醫生嗎？

宋：葉寶明醫生，我沒有和他共事，接觸比較少。他到病房來多是因為其他醫生需要聽取他的意見。他的英文比廣東話水平高。

Dr. Singer 很健談、人脈廣、醒目，又不自大。他高

大靚仔，對病人很好。他懂得哄人，夜晚一、兩點還與瑪麗醫院的一位女護士「煲電話粥」。這是電話接線生講給我聽的。

Dr. George Ou（吳達偉醫生）是好好先生，看病很用心，他身裁較矮，有點胖。

Dr. W.H. Lo（盧懷海醫生）很關心我，我會和他說心事。當時我和家人關係緊張，因為我打算和女朋友結婚，家人卻反對。最後，我還是堅持和她結婚了。

當時，還有鍾祖文醫生，做女房的 Dr. Stella Liu。之後，還有 Dr. Lily Yen。

那麼當時有甚麼精神科治療呢？

當時的精神科治療方法

宋： 當時有胰島素休克治療（Insulin Shock Therapy），通常要兩位 orderly 幫忙按着病人。四柴（護士長）楊錦雄則負責靜脈注射胰島素，令病人慢慢昏迷。過一會兒才給病人葡萄糖水令他的血糖上升，但這要用一條稍粗的喉去餵送，Ryle's tube（鼻胃管）太細了。那些我都很熟練，而喉又很軟滑，所以從未出過事，病人亦從沒有噎到（Regurgitate）。病人一個星期可能要治療一至三次，每週一、三、五都會安排這個治療，每次都有四、五位病人。

還有「撩鼻」（Leucotomy），由盧懷海、鍾祖民及「嘉林星」（Dr. Singer 的花名）主理，可能 Dr. George Ou 也有主理過。當時沒有做全身麻醉，手術前打一針鎮靜劑，用骨科的 Steinmann pin 做穿刺。地點在一號病房，每星期可處理一至兩位病人。

那時亦有使用 Fever Therapy（發燒治療）、TAB（即

傷寒疫苗 typhoid vaccine A 及 B）等方法，而 TAB 一定要靜脈注射才有效，真是奇怪！然後用水綿溫水替病人敷，令他降溫。

那時有甚麼藥物治療呢？

宋：當時已經開始用氯丙嗪（Chlorpromazine，又稱 Largactil）了。差不多每個病人都要服用，是白色的。至於 Stelazine（另一款精神科藥物）是藍色的，則只有個別病人才服用。

那麼情緒低落的病人又如何呢？

宋：那時並不多抑鬱的病人住院，亦沒有抗抑鬱藥（anti-depressant），若果病人有自殺傾向的話，則他們的衣服上會有 red collar（紅頸領）。後期則用紅咭代替，放在排版（病歷記錄）的封面。

最後，可否談一談鬼屋的傳言？

宋：我在高街工作的時候，還沒有鬼屋的傳言。日本仔佔領的時候也有使用過這建築，戰後那十多年也並沒有異樣。可能是在 1961 年荒廢後，那些道友（癮君子）故意散播謠言，方便他們在那裏吸毒，不受人騷擾。

吳：其實在 1961 年病院搬走後，有一段時間在女房那邊其中的一些房還用作門診部，專看藥物濫用的症。那個時候，吸毒被拘捕，需要坐監的。但是如果那些人自願簽紙戒毒，則可免牢獄之災。

自願戒毒的人第一個星期便要去青山醫院。首五天用美沙酮，最後兩天用維他命 B1 針。之後再移送到石鼓

洲六個月，出來之後便要去高街覆診。當中約有七成人會再度吸毒，但又不想被察知，他們就在覆診時說沒有吃，這我們當然有辦法對付。

當時有一隻藥叫 Lethidone（Nalorphine），要打皮下注射。注射後不久，若然之前有吸毒的，都會有徵狀出現，例如流口水、鼻涕、眼紅。很辛苦的，所以騙不到我們。

訪問宋少傑先生是一件賞心樂事，高街當時的情景，經他描述恍如在眼前。宋先生因緣際會以普通科護士的身份服務精神科，並且做得很好，亦由於他的上進心及責任感，精神科同事也受到激勵，真是幸運。

1952 年 1 月 19 日，精神科終於有了它的幸運之星！

1933 年，一間法國藥廠開始研究更好的傷風藥（抗組織胺，Anti-histamine）。直至 1947 年，他們提煉出 Phenothiazine，就是氯丙嗪的原始父系分子組織。

起初一些法國外科醫生把它用作手術前的鎮靜劑，發覺療效不錯，於是他們請藥廠繼續努力研發。氯丙嗪最後於 1950 年 12 月被提煉出來了。

1951 年，一位勇敢的精神科醫生親自服用此藥，體驗到它的真正效能。之後於 1952 年 1 月 19 日，它第一次被用於精神病人（躁狂症）身上，效果出乎意料地好，他於三星期後已康復出院。

其後，兩位巴黎精神科教授（Deniker& Delay）作了嚴謹的研究，確定它不單止有鎮靜作用，還可以直接減少出現幻覺和妄想。至此，精神科進入了新的革命性時代。

09

高街前線服務員心聲
鍾旭秋夫婦專訪

文｜李兆華

日期｜2015 年 10 月 5 日
地點｜屯門寶怡花園會所
受訪者｜鍾旭秋夫婦（鍾／鍾太）
採訪者｜李兆華、黎文超

上圖｜訪問當日的情景。左起：鍾旭秋、鍾太、李兆華。（李兆華醫生提供）

現在人們常常說與群眾脫節的就是「堅離地」，而比較貼近人們生活的就是「接地氣」。本書在前面已訪問了很多當年響噹噹的醫生、護士及專業人士，但執行醫院日常運作的人亦包括醫護支援人員，以前稱之為 minor staff 及 orderly。他們有他們的世界，有他們的觀點。我希望歷史也可留住他們如何看待當時的精神科世界的觀點。剛好黎文超先生（David）認識鍾旭秋夫婦，他們都在 1950 年代由高街開始工作，其後更隨醫院搬遷到青山醫院，他們的回憶是很豐富的。於是在一個初秋的黃昏，我們在 David 的屋苑會所相會。

高街精神病院見聞

可否描述一下你們於 1957 年入行做 orderly 時，高街精神病院的情況是怎樣的？

鍾：高街精神病院，我們叫它「大院」，以免被說成「精神病院」不中聽。大院其實有三座建築，被東邊街頭分為兩邊。在街的東面是女房，在街的西面有兩座建築是男房。東邊街有兩道門，一道進男房，另一道進女房。印象中門是綠色的，收症時救護車皆由此出入。

男房其中一座大樓有 1 號、2 號及 3 號房。記憶中 1 號房是做胰島素休克治療（Insulin Shock/Coma Therapy, ICT）的，2 號房則用作收新症。有一個附加房叫 2A，又稱「TB 房」，專收肺癆（Tuberculosis）病人。3 號房則較多「VIP」，有非華籍病人，也有當時的達官貴人的親朋。

另一座男區建築有 4 號和 5 號房。4 號房的病人很多是梅毒上腦。那裏的病人通常很安靜，但身體較容易受感染，例如爛腳（按：此處不知會否與痲瘋混淆了，因

4 號房亦收瘋癲症），有時候身體狀況急劇轉變，隨時死亡。後來到 1960 年代這些病人被送到青山醫院 8 號房，排着隊打盤尼西林針。

5 號房的病人有些是有刑事案底的，當時報紙也有報導。我記起有一個馬來華僑，在滙豐銀行工作，不知何事刺傷了一位大律師；而另一位姓謝的，便是「六國大封相」的主角，在灣仔民居縱火。

當時床位不足。1959 年，在後山加建兩間寮屋，叫 5A 病房。

鍾太：當時大院女房那邊，有 A、B、C、D 房。住 A 房的是長期病人，B 房的病人情況較好，C 房則是收症病房，D 房留給「VIP」，即是外國人。我們這邊還有廚房、醫生宿舍及門診服務。

大樓在高街另有一正門。職員大多由此門出入。

病人日常起居生活又是怎樣的呢？

鍾：只有兩件事，睡覺和進食。當時物資缺乏，病人都睡榻榻米，後期才有床，很擁擠。男病房共約 130 人，女病房可能有 30 人。

病人每天吃四餐，但質素很差，由亞 X 辦館供應。令人吃驚的食物是魚類，腥氣熏天，加大量胡椒粉都不能把味道蓋過；後來搬到青山醫院伙食才稍有改善，起碼魚是煎過的，而火腿都算是完整一塊一塊的。

大院的早餐是粥，有時有牛奶供應。午餐、晚餐有飯有菜，甚至有牙帶魚。宵夜是睡覺前喝牛奶配麵包。

病人日間的活動比較刻板，會到花園散步，或者穿穿膠花。有不少親友會來探訪病人。

大院的病人會接受甚麼治療呢？

鍾：當年最多做的是腦電盪治療（Electroconvulsive Therapy，ECT，又稱「電腦」）。每日都有病人需要接受 ECT 治療，而對病人來說，則是隔日做一次。每天大約有十五、六個症，醫護人員直接到病房為病人進行治療。當時醫生人手短缺，所以有時候也會由護士主持。進行 ECT 沒有全身麻醉，但治療之前會為病人注射一支鎮靜劑。進行 ECT 時，有些病人會反抗，為防止病人掙扎時受傷，我們做前線的要上前支援，一個按着病人膊頭，一個按着盆骨，三柴護士長負責按電掣，病人抽搐時，我們便要放開手，不可以與他鬥力。完成後會帶病人到地蓆上休息。你或會疑問腦電盪治療效果怎樣？其實效果十分顯著。有些病人本來會胡言亂語，漫無目的地走來走去，但經過治療後情況的確有所改善。

另一種常見方法是胰島素休克治療（Insulin Shock Therapy, ICT），同樣地每天都有病人接受 ICT 治療。三柴護士長負責替病人注射胰島素（胰島素會降低血糖，誘發全身抽搐）。當時三柴有楊錦雄及有一位姓鍾的。病人在治療前的精神狀態可能頗混亂，但是完成治療後又變得精神起來，肥肥白白，紅粉緋緋。

當年還有俗稱「開腦」的手術，其實是「撩鼻」（以一枝手術針，由眼插入直達腦部，以切斷部分腦部組織），並非用手術刀開腦，我們並不能參與「開腦」。醫生會召集他們的團隊（統稱「8-5」，即工作由早上 8 時至下午 5 時的那批同事）協助。治療後病人會變得十分安靜。我聽說有一次治療引起了併發症，而那位病人後來去世了。

高街精神病院被稱為「鬼屋」。是否屬實呢？

鍾：當時沒有「鬼屋」的說法。直至 1961 年搬遷後，地方空置，淪為吸毒者藏身吸毒的地方，可能他們不想被別人干擾，才弄出了一個鬧鬼的傳聞。

聽聞醫院會安排病人到大陸醫病，是真的嗎？

鍾：我在 1957 年任職時沒有遇過送病人上大陸的安排。不過聽年資較長的同事說是有的。通常由熟練的伙記護送。現在於小欖醫院工作的何六就曾經護送病人上過廣州芳村醫院。可能是以散工形式去做的，要搭船去廣州。

你們自己當時的生活又是怎樣呢？

鍾：我們當時就住在西環聖士提反堂對面，現址尚存。1959 年我的月薪是 Do Re Mi（123 港元）。我太太較遲入職，她有 128 港元。1959 年，我們曾經爭取以「助理」代替 orderly 作為職位名稱，但護士長說我們當中有人不識字，被否決了。但最後我們總算成功爭取到一些津貼，我們認為這是「掩口費」，或者美其名為「心口費」，是因為我們有時會被病人弄傷，一次過有 15 港元。

即使有了額外的津貼，我仍然很不滿意。因為當時的職業治療幫工（OT Aide），他們的薪金竟然與我們相若，更被稱為一級技工。我心想，嘿，豈有此理，只是教人穿膠花，織籐椅，有甚麼特別？

大院當時的醫生、護士團隊是怎樣的？

鍾：有一位四柴，是由瑪麗醫院派來的，他職位最

高，算是「打晒骰」。年紀不小了，是何澤權。

葉寶明醫生對員工很好。記憶中有次大院有位文員被人告貪污，葉醫生都有上法庭作證。後來那個文員調去交通部任職。

劉曼華醫生也很好。

鍾祖民醫生則很兇，做錯事一定被責罵，很嚴厲。

施應嘉醫生就很有紳士風範。他懂廣東話，不過平時頗安靜。他與保安、管事較熟稔。如果有事問他，他都會提供合適的意見。

鍾太：我要特別一提「四眼陳」，又叫「矇陳」，Esther Chan。她們兩姊妹都很有愛心。有時病人復發，又拒絕入院，他們竟然肯收留病人住在她們西環的家，人品極好。

有沒有一些令你印象特別深刻的病人？

鍾：南海十三郎住過大院。他又瘦又矮，很靜默，不發一言。我見過梅綺曾經探訪過他。多年後，我也在大嶼山與他相遇過一次。

另有一個很聰明的病人，姓黎。他愛說話，你給他一個題目，他就可以作首詩。

還有一個姓陳的，印象中他住在中環三十間，師姑街的一間唐樓（即現在元創坊 PMQ 附近），他曾將一個小童從高樓拋下。

大院是 1961 年搬入青山醫院的嗎？

鍾： 1961 年前已經陸續進行搬遷。1957 年青山醫院已經有 7 號、8 號病房，及 C、D 兩座建築。初時，我們是一小批一小批的搬，由女房開始。有些病人不捨得大院，大哭一場。可能因為青山醫院太偏僻，路途太遠吧，也有些同事不太願意去的。後來到了 1961 年，所有病房、病人和職員，全部搬到青山醫院去了。

可否講述一下早期青山醫院的團隊？

鍾： 當時的院長是葉寶明醫生，其後是施應嘉醫生。醫生數目不多，護士卻很多。夏老威（夏應生先生）很兇，護士學生一旦被他發現拍拖，考試就不讓他合格。之後由盧鏡池先生任職四柴，我們稱他「柴佬」。他領導學護和保養部同事一起清理空地的石頭和草，並興建了足球場和籃球場。其後有 C. C. Lee 和 Allen Ng（吳廣華先生）加入，他們負責教書的。

很多人都不知道早期的青山醫院有戒毒服務，其實就在 H 房，病人被隔離數天，毒癮便除。當時他們服食的不是白粉，便是海洛英，不像現在款式那麼多。H 房守衞森嚴，普通人不得進入。曾經有一位非 H 房同事，帶了一包豆粉入 H 房給人煮餸，被非華籍護士（我們稱之「十八羅漢」之一）發現，誤以為帶白粉入病房，弄出個大誤會來。當時的吸毒病人都是用打火機「追龍」，輕燃杯底待白粉變成煙，再去吸那些氣體。

當時病房都有「馬仔」（病況轉好的病人）這種非正式的制度，他們可以幫手工作，以換取更多自由。其實以往在大院時已經有。

青山醫院每個病房都有花園。那些有自殺傾向的病人每位獲發一張紅牌，若他要出花園走走，便要將紅牌交給我們在花園當值的同事。同事一收到紅牌便要提高警覺，當收集到一大袋紅牌時，我們就會增加不少壓力，因為始終沒有受過專門訓練，我們都不敢隨便去廁所，以防發生事故。

　　有一次，有個同事當值負責看管紅牌，當時有一個9號房病人成功自殺了，那位同事被別人怪責沒有好好看管病人，他在一念之間，說是要去吃飯，但竟然走到宿舍吊頸自殺了。

可否講述一下你們在青山醫院的生活？

　　鍾：因路途遙遠，我們便搬到了青山醫院的宿舍。我們住在 10 號宿舍對面。如果是單身的，女的就住單人房，男的則住三至四人房。

上圖｜青山醫院 1963 年「卜達盾」冠、亞軍合照。所謂「卜達」，就是總護士長 Mr. Porter，也是香港第一位精神科註冊護士。「佳佳」是當時一間攝影公司，攝影師會到現場拍照留念。

下圖｜「青醫隊」勇奪「卜達盾」元朗盃。圖中央手持獎盃的人正是鍾旭秋先生，身旁及身後的外籍人士就是當時人稱「十八羅漢」的外籍護士。因此可見，當時外籍職員與華人職員相處融洽，不分職級高低，同在球場上揮灑熱汗。（鍾旭秋先生提供）

那時青山醫院很偏僻，護士宿舍有飯堂，但我們的宿舍沒有。幸好青山新墟及醫院附近都有不少食店。青山新墟在鹿苑街附近，龍城、日新的食物都不錯。當時醫院有 27 號巴士，總站有一間茶寮，可以吃東西和飲茶。

1967 年暴動期間，住在市區的同事未能來到青山醫院上班。我們住宿舍的就要硬着頭皮頂上。事件過後，我們收到一筆過的 50 港元作為獎賞。

你們在青山醫院工作至哪一年退休？

鍾：我工作到 1987 年，我太太工作至 1993 年時剛好 55 歲，我們便退休了。

右圖｜三位護士長太座，親自調雞尾酒慶功。（鍾旭秋先生提供）

同一個場景，同一個高街。雖然宏觀的敘述一致，但微觀的角度就截然不同。例如醫生就不知道當時病人會吃甚麼，也不知道甚麼是「心口費」，當然更不知道同事給他們起的各種花名及評價！當然，其中或會有不盡不實之處，但作為另一個觀點，仍然有其寶貴價值。

腦電盪治療（Electroconvulsive Therapy, ECT）　文│趙穎欣

　　腦電盪治療在精神科上的應用始於 1930 年代，主要用於嚴重抑鬱症上，尤其是藥物治療未見成效或因精神狀態影響致有生命危險的病人。腦電盪治療的原理是將小量屬安全劑量的電流通過腦部，做成一次人為的腦癎（前稱癲癇）；一般的腦電盪治療大概需進行 8 至 12 次，利用重覆的電流使腦內化學傳遞物質恢復正常的平衡，繼而令病人在情緒、睡眠、胃口及思維上有所改善。

　　腦電盪治療是安全及有效的。在開始腦電盪前，病人須接受全身麻醉，使其入睡及放鬆，因此在腦電盪期間不會有任何感覺，一般亦很快在治療後清醒過來。有些病人在腦電盪後可能會出現短暫頭痛或短暫的記憶障礙，一般都會在治療後自然消失；至於嚴重或死亡的風險只是萬分之一。相對來說，接受腦電盪治療後而精神有進步的病人接近八成，能有效幫助病人重投新生活。

10

走遍全地球的臨床心理學家
黃熾榮博士專訪

文｜李兆華

日期｜2015 年 11 月 3 日
地點｜金鐘太古坊
受訪者｜黃熾榮（黃）
採訪者｜李兆華

上圖｜黃熾榮博士於受訪時攝（李兆華醫生提供）

我於 1981 年入職青山醫院，當時黃博士已擔任醫院內唯一的臨床心理學家。他為人風趣幽默，兼且故事多多，甚得同事歡喜。當他講得興起的時候，甚至會模仿故事中人物（多數是當時的高層或顧問醫生），表情唯肖唯妙，甚至連方言（如潮州話）及口吻都模仿得極相似。

當時有兩件小事影響得我很深，一是在某個講堂中，黃博士呼籲我們作個 scientific man，我銘記在心並盡量力行；另外一事是黃博士的應變能力。話說他於英國深造時，有時亦會於課堂內神遊太虛。有一次，一位名教授突然問黃博士對他的觀點有何看法，他突然要從玉皇大帝處返回倫敦去回答，但腦子一片空白又如何回答呢？黃博士當時很鎮定地說：「教授，你的觀點非常有趣。」這個中性似肯定還模糊的答案教授竟然受落，我以後遇上同樣情況，便引用黃博士的辦法，果然奏效。

黃博士個子高大黑實，想不到其妹卻是白皙美人，還與我的同學結為夫婦，世事因緣便是如此。

與精神科之因緣

可否簡單介紹一下你的學歷？

黃：我中學就讀於香港聖若瑟書院（St. Joseph's College）。自幼我便很喜歡科學，很想唸理科。但卻因為數學成績不理想，被派往文科班。雖然有點失望，但我在中六時，還是盡量選取最接近科學的課程，例如地理學和地質學。

升大學考試時，本來平均成績頗好，但到考地理科時因看錯題目，把成績拉低，差一點升不上大學。在無可奈何之下進了香港大學修讀文科。後來，我選擇了心

理學為主修科，因為我認為心理學是眾多文科之中最具備科學元素的。

是誰人影響了你，令你對臨床心理學產生興趣呢？

黃：大學第一年對心理學已經產生了濃厚興趣。心理系的何友暉博士對我影響不小。何博士是在美國接受精神分析訓練的。當我撰寫畢業論文時，何博士建議我做一個精神分裂症患者思維模式的研究。當時有研究指出患精神分裂症的病人可能有輕微的腦創傷，引致他們的思想變得僵化，不能作抽象的思維。有研究更發現精神分裂症病人對於闡釋成語的能力比普通人差。為了進行研究，我設計了一份中文成語測量表。

你第一次到精神科工作的情況是怎樣的？

黃：因為論文研究需要大量的臨床數據，於是我便向當時的精神科主管顧問醫生施應嘉教授查詢。他介紹我去見在高街精神病門診部工作的陳庭揚醫生，而陳醫生則輾轉介紹在青山醫院任職初級醫生的沈秉韶醫生來幫我。從此我和沈醫生就成了要好的深交。

1971年夏天，沈醫生安排我去青山醫院做了兩星期的駐院實習和收集研究數據。為了方便我工作，沈醫生還把自己的夜更房借給我使用。房間在醫院行政樓一樓，面積很小，沒有家具，只有一張枱、一張椅子和一張尼龍摺床。大熱天時，還沒有冷氣呢。

就這樣，我便在青山醫院渡過了難忘的兩個星期。那時的駐院醫生例如勞振威醫生及黃世和醫生都十分樂於幫忙，他們安排病人與我見面，使我有機會訪問了差

不多 80 個精神分裂症患者。這對我來說絕對是大開眼界，使我對投身精神科臨床工作的決心更加堅定。還有值得一提的就是沈醫生介紹我讀當年精神科的「聖經」教科書——Mayer-Gross and Slater 的《臨床精神病學》（*Clinical Psychiatry*）。這書對我後來的影響和幫助都很大。

港大之後，你在哪裏深造呢？

黃：其實當時港大剛剛開辦了為期兩年的臨床心理學碩士課程。我本來是可以入讀的。但當時我考慮到港大課程是頗側重於心理輔導和精神分析，不符合我自己對科學化的要求。我對何友暉博士表達了我的希望，就是畢業後便去英國深造臨床心理學。何博士也欣然地為我寫了一份十分好的推薦書。當年外國學生去英國唸研究院要交雙倍學費，加上機票食宿，所費不菲。

我的終極夢想就是去當時臨床心理學最著名的學府：倫敦大學的 Institute of Psychiatry（IoP）修讀。英國孕育了不少著名精神科醫生的 Maudsley Hospital，就是 IoP 隔鄰的附屬醫院。因為 IoP 的特殊地位，故競爭十分激烈。每年全世界有 250 名尖子報讀，競爭 18 個臨床心理碩士學位。我知道我的競爭對手都是牛津、劍橋、倫大、史丹福、哈佛等名牌大學本科生。機會雖然渺茫，但我仍然盡力爭取。

我在港大最後一年的初春，英國心理學會委派了 IoP 的臨床心理學教授 Prof. Jack Rachman 來視察港大的臨床心理學課程。我趁此機會在港大和他有了一次交談，表白了我的理想。做夢也想不到原來 Prof. Rachman 視我們的交談為一次面試。稍後，我便接到 IoP 的招收函件了。

你在倫敦的學習是怎麼樣的呢？

黃：初期實在是有很大的適應問題，課程真的是很深奧，加上我在港大的心理學基礎又打得不好。尤幸我早已熟讀了沈醫生介紹的 Mayer-Gross 書，所以精神病學考試我是全班第一的。

當時在 IoP 和 Maudsley Hospital，心理學系主任是世界知名的 Prof. Hans Eysenck。Eysenck 是一位德國籍猶太人，因為逃避納粹黨，1930 年代逃難到英國。年輕的 Eysenck 其實想做物理學家，但當時英國大學的物理學系因應工業發展，學位供不應求，只有心理學系有空缺。20 世紀最偉大心理學家之一的 Prof. Eysenck，就是在這樣的機緣巧合下，晉身心理學界的。Prof. Eysenck 有一次對我說：「理論始終都會改變，但是科學的路向一世管用，所以科學就是將來。」

當年 IoP 有很多世界著名學者，如 Jack Rachman、Monte Shapiro、Aubrey Lewis 及兒童精神科的 Michael Rutter 等。我尤其喜歡 Prof. Shapiro 嚴謹的科學精神，也幸運地可以跟隨他做了兩輪的臨床督導。他教我：「科學方法不單可以應用於群體科研，也可以應用在個別病人身上，用高信度和高效度的個體評估方法去追蹤病人的病徵變化。」還有一次在醫院餐廳下午茶時間，Prof. Eysenck 說要介紹我認識一位 30 歲出頭，從美國來的年輕後博士生，和我討論一下我的碩士論文。這個人竟然就是 Martin Saligman！

我還有兩件印象深刻的經歷可以分享：

第一件就是當年每一個學生都獲配給一副真正的人腦標本回家作解剖學習。我沒有錢買解剖刀，只好隨意

買了一把麵包刀，發現效果竟然不錯。未解剖完的人腦標本，就隨意放進冰箱，幸好當時唸醫科的室友不太介意。

另外，我的第一個臨床實習是在 Mr. Falconer 主管的腦外科病房完成的。這團隊是用切除腦側葉方法治療嚴重的腦癇症聞名世界的。病人做腦手術前後都要進行精細的腦功能評估。我第一個病人就是一位患有嚴重腦癇症的 11 歲小童。一大清早，我滿懷興奮，戰戰兢兢地拿着我的評估工具箱去病房，想不到護士告訴我，那小孩子當天較早前離世了。我當時十分震驚，手足無措。這是我第一次，也是最難忘的臨床經驗。

深造之後，你便立即回港工作嗎？

黃：1974 年在 IoP 畢業後，香港及新加坡都有意聘用我。新加坡的條件稍遜，加上我以香港為家，便決定回港工作。當年，劉余寶堃女士是第一位在政府工作的臨床心理學家，我是第二位。她主要做門診，而我則被派往青山醫院，服務住院病人。所以我也算是青山醫院第一位全職的臨床心理「專家」。

可否談談當年青山醫院的狀況及你的工作情況？

黃：1970 年代，青山醫院很擁擠。它設計時的病床數目是 1,200 張。但我入職時竟有 3,000 多名住院病人。我開始工作的時候，收到很多醫生的轉介個案。他們的轉介表格填寫得很簡單，如「請做 IQ」，或「請評估病人性格」，或「請做心理治療」。我之後頗費周章向醫生分享轉介目的，以及臨床心理學家的專業範圍。很快，

轉介的數量合理多了，表格還填寫得不錯呢！在青山醫院工作的九個年頭，我寫了差不多 1,300 份心理評估報告，成了「熟手技工」。除了評估之外，我還在慢性病房做行為治療，和護士們合作無間。那時同事給了我一個綽號，叫「心理黃」，後來簡稱「心黃」。這個暱稱，一直沿用至今。

在青山醫院教學也是一項重要的工作。當年我不單要對護士學生講授心理學，還要參加每週的臨床會議。在 1980 年代初朝，副院長沈秉韶醫生叫我為醫生舉辦每月一次的講座，以 "The Psychology of ……" 為主題。當年為了籌備這系列的講座，我覺得很大壓力和充滿挑戰性。現在回想起來，發現這其實是一個給我全方位修習的機會。這系列講座除了一般精神問題之外，還涉獵了其他常見的心理和行為問題，如賭博、藥物濫用、失憶、暴力、恐怖主義、神經心理等，十分全面。

衝出香港到南澳洲

你提及過你是在 1983 年離開青山的，之後你轉到哪裏工作呢？

黃：1983 年聖誕節，我離開香港，和家人移民到南澳洲的 Adelaide。失業了整整四個多月，終於在 Hillcrest Hospital 找到一份工作。Hillcrest 是一間大型的精神病醫院，在稍離市中心區的北面，有 15 名臨床心理學家。在他們眼中，我當然是年資最淺的。可能他們比較少與亞洲人接觸，醫院上下同事都對我有偏見，認為我工作能力較差，英語水平不足。有一次，上司委派我到附近一間高設防監獄——Yatala Prison 去診治一位非常難搞的土著殺人犯。我通過研討，及教獄卒一些簡單的行為

改變方法，居然使病人的破壞性行為有了逐步向好的改善。上司看在眼裏，不久便擢升我為醫院三位總臨床心理學家（Chief Clinical Psychologist）之一，和司法心理服務、腦神經心理服務等鼎足而立。在這個位置上，我開始發展精神科社區外展服務和心理干預，統籌 Adelaide 北區的臨床服務。當然，還有很多醫院內外的管理事務，如人事管理、優質管理、醫院驗證、病例組合精算（Casemix）、心理服務發展策劃等，培養了我寶貴的管理經驗和技巧。

到 1980 年代末期，南澳政府因財政問題，要解散 Hillcrest Hospital，把土地賣給地產發展商。雖然我的職位不受影響，但眼見其他同事士氣低落，自己的心也涼了一截。

這是不是你回香港的契機呢？

黃：在 1991 年，任職葵涌醫院院長的沈秉韶醫生通知我香港有一個臨床心理學家的空缺，他想要一位有經驗的人可以加入葵涌醫院。我申請之後，不久便被錄取了。當時 Hillcrest Hospital 大力挽留我，更安排我停薪留職一年，希望我回心轉意。我在 1991 年 9 月 9 日上午 9 時到葵涌醫院上任。當年葵涌醫院還有另外一位臨床心理學家叫陳乾元（Calais Chan）。Calais 剛在澳洲完成博士學位，非常聰明和有見地。他和我的理念相同，對科學循證要求非常執着。我們很快便成了莫逆之交。

我知道你與新生會的關係很深，可以說說這方面嗎？

黃：在 1970 年代，香港沒有精神科康復服務。病人出院後，就只有門診跟進。出院後的服務嚴重不足，導致很多無親無故的病人都滯留在青山醫院。

在這裏要談一談劉曼華醫生了。她是上海人，對病人有無比的愛心。她經常出錢又出力，資助病人的緊急需要。她在青山醫院做醫生時，發起了一個出院病人自助組織。這小組便是新生精神康復的前身。

劉醫生的丈夫 Mr. Sweetman 當時任職社會福利署高層，間接對出院精神病人提供了不少方便和協助。另外，吳漢城醫生、老洪達醫生和張鴻堅醫生都是新生會的中流砥柱。吳漢城醫生有一次在醫院酒吧語重心長地對我說：「如果連我們也不去做，還有誰人會幫助出院病人呢？」這一句說話，令我頓悟，突然改變了很多。

老洪達醫生移民加拿大時，我接替了他的位置，成為新生農場主席。新生會初期是試驗性質，主要是在青山醫院毗鄰建立新生農場，資源很少。開發時政府以一元象徵性租金，在醫院後閘把一塊荒廢了的小山租給新生會，還叫了英軍幫忙鏟平。後來興建了三座小房子，其中寶明樓和鏡池廬，用作紀念香港精神病先驅葉寶明教授和青山醫院的前護士長盧鏡池先生。小房子的建築材料都是就地取材，磚頭還是用打磚機人手自製的。二十歲出頭的我，放工後在新生農場邊做邊學，了解農業運作，視野也擴闊了不少。新生農場起初養豬和養牛，再養白鴿。後期試驗了一批來自嘉道理農場的花斑豬種，是我自己去挑選的，肉瘦、容易養。其他農產品還有菜

蔬、時花、盆栽、桃花、年桔等等。漸漸地，農場的營運可以自給自足，達至收支平衡，最後還有小量盈餘呢。

任新生農場主席的八個年頭，得到三屆場長和職員的努力協助，親眼目睹了不少的里程碑的建立。如自動耙泥機、化糞池、自動澆水系統、溫室和多層宿舍等。新生農場漸漸成為一個集內外庇護工場、中途宿舍和長期護理服務於一身的精神病康復中心。我感受到的滿足和成就感，竟不下於在青山醫院工作。

我知道你後來創立了中國認知行為學會（CACBT），可以談談嗎？

黃：因為受 Prof. Eysenck 和 Prof. Rachman 的影響，我在 IoP 學的是行為治療，而且我很早便對認知行為科學有濃厚興趣。1975 年，我寫了一份文獻，探討認知功能如何影響「系統脫敏法」（Systemic Desensitization），引致當年推崇行為治療的 Prof. Rachman 有點不快。40 年後的今天，Prof. Rachman 是世界首屈一指的研究強迫症認知理論的先驅。在葵涌醫院工作的時候，我與 Calais Chan 和在英國回來的吳基安混得很熟。我們三個人對循證治療的理念相同，時人稱我們為「三劍俠」。

2004 年，我們成立了 CACBT，主要成員還有吳文建醫生。吳醫生是 Beck Institute 的持證認知治療師，幹勁十足。我們的理想是要將香港的認知行為治療水準提升到與世界看齊。為此我們聯絡了世界很多知名學者來香港舉辦講座及工作坊。例如 Jack Rachman、David Barlow、Christine Padesky、Cory Newman、Paul Salkovkis、Frank Dattilio、Elizabeth Kuipers、Helen Kennardy、Keith

Dobson、Art Freeman、Tom Borkovec、James Bennett-Levy 等。

現在人們常說心理治療第三波，你是如何看待的呢？

黃：現在有很多人推崇的心理治療第三波，譬如 Solution Socus Therapy、Compassion Focus Therapy 及 Mindfulness 等，其實是重新強調了很多既有的心理現象和元素。我對它們持開放態度，因為它們的確對認知行為治療作出了很重要的補充。我於 2014 年在香港籌辦了「第八屆國際認知心理治療會議」。在主席開幕專題演講中，我和三十多名世界頂尖學者和會議參加者分享了我

下圖｜黃熾榮博士（左）於訪問後留影（李兆華醫生提供）

對心理治療第三波的看法。簡單地說，第三波的治療元素，看似新瓶，裝的卻是舊酒。現時的研究數據仍然不足夠使它們替代循證和系統化的認知行為治療。但是，作為一個推崇科學驗證的臨床心理學家，我也衷心希望將來會有一套更科學、更循證、更完整、更有效的普及心理治療，讓每一個有需要的市民獲益。

黃博士的訪問在中環一間 Café 進行，快樂不知時日過，一眨眼便兩個多小時，他快人快語，令我獲益良多。臨床心理學中有他這樣的先驅，是他們的福氣。

甚麼是「IQ」？「IQ Test」是不是　　　　　　　　**文** | 劉育成
和病人玩玩 IQ 謎語？

....

　　IQ 題常常成為大家茶餘飯後的娛樂，但是心理學家又怎會只靠幾條
為搏一笑的問題來決定一個人的智商高低呢？

　　IQ（Intelligence Quotient）其實需要用一套標準測試來測量人在其年
齡的認知能力，最常被使用的是「韋氏成人智力量表」（Wechsler Adult
Intelligence Scale），分別測試語言理解（verbal comprehension）、圖像推理
（perceptual reasoning）、記憶能力（working memory）和思維速度（processing
speed），大約需要 1 小時完成。

　　個人的 IQ 分數會和那個地區的平均值（Norm）比較，平均數為 100
分，一個標準差（standard deviation）是 15 分，所以如果你的測定 IQ 是
115 分，你的智商表現便比平均值高出一個標準差（34.1%），而 130 分便是
高出兩個標準差了（47.7%）。但其實智商分數只是一個參考，並不完全反
映一個人的能力，也不要常常拿 IQ 高低來開玩笑！

11

醫管局成立前最後一位職業治療總監
李炯熾先生專訪

文｜陳小冰

日期｜2015 年 6 月 11 日
地點｜青山醫院職業治療部
受訪者｜李炯熾（李）
採訪者｜陳小冰女士、劉育成醫生

上圖｜左起：劉育成、李炯熾、陳小冰（陳小冰女士提供）

李烱熾先生於 1960 年代修畢精神科護理課程，其後獲得香港醫務衞生署頒發獎學金前往澳洲悉尼進修職業治療。1970 年代初，李先生學成歸港後即投入該職系為病人提供服務，並於普通科醫院、精神科醫院、日間治療診所及康復中心實習。1980 年代後期，李先生由前線工作轉而擔任行政管理，負責職系的服務統籌和發展。在 1990 年代，醫院事務署開始轉型成立醫院管理局，他為職業治療職系提供銜接的準備工作，尤其是職業治療師的職責分配。在 1992 年，李先生因家庭事務申請退休，向服務了 30 年的香港政府說再見，並移民到澳洲長期居留。

從精神科護士轉為職業治療師

你是怎樣認識職業治療這個服務的呢？

李：在 1963 年，我入職青山醫院為精神科護士學生，職責是帶領病房的病人前往職業治療部參與訓練的。當時病人的生活比較刻板，在病房內很多時間都是在「遊花園」和吸煙，而護士看顧病人的工作也很繁重。在 1965 年某天，得到一位任職青山醫院的職業治療師許錦坤先生啟蒙，他深入淺出地向我講解職業治療的過程和對病人的效益，讓我知道職業治療活動的多樣化，便引發了我對職業治療的興趣。

你是何時及在哪裏修讀職業治療？ 第一份工作是在哪裏服務呢？

李：在 1966 年，香港政府醫務衞生署開始設立獎學金，給予政府部門內任職員工申請，成功者會被派到外國修讀職業治療。那麼好的一個機會，我當然不能錯過。

我便鼓起勇氣，打電話給數間職業治療部的主管約見及參觀部門，為面試做好準備。在這次選拔中，選出三位男士，我是其中一個，後來被安排到澳洲悉尼進修，經過三年的努力，取得文憑證書回港，便展開我在職業治療的里程，起點是在灣仔診所。

獎學金的設立，維持了多久？ 訓練了多少個本地治療師？

李：政府醫務衞生署在 1976 年已停止設立獎學金。因為在 1978 年 9 月，香港理工學院開辦了職業治療的專業文憑課程。而在獎學金被選拔出來的人士安排方面，也有一點特別。首三批成功者全部是男性及被派往澳洲進修。但在 1970 年之後，所有成功者都是女性及被安排到英國攻讀。受訓練後回港的職業治療師總共有 13 名。

你是在何時由治療師的角色轉任行政工作的呢？

李：在 1987 年，當時的職業治療總監許錦明先生，調配我駐守新界西區，輔助他處理醫院事務署內職業治療職系的行政工作，包括發展、推動、人事調動、升遷選拔、籌劃新部門、視察和聯絡的工作。在 1991 年初，許錦明先生提早退休移民澳洲，我便接棒擔任了職業治療總監一職，直至 1992 年年尾，我也離港到「袋鼠國」去了。

可否告訴我們在你任職時所面對的一些難題嗎？

李：1980 年代中期，工廠製成品加工是一項主力的病人工作訓練。曾有一間供應職業治療部工業製成品的

従治療師到總監

工廠倒閉。我便要前往屯門工廠區，盡速找到新的廠家以維持病人的工作訓練。

調往行政職位後，人手短缺是時常要面對的難題。最嚴重的是在六四民運前後，除了有很多資深的海外職業治療師在合約期滿便離職外，本港的職業治療師也辭職移民去，引致很多服務也銜接不了。為應付這人力嚴重不足的情況，便開始了跨專科的部門調動，不論資深或經驗較淺的職業治療師，都會被安排在普通科和精神科工作。

到澳洲後，你還有工作嗎？

李：到澳洲後，我曾在一間老人護理院工作一年多，之後便開始享受退休生活。

澳洲的精神科職業治療和香港的有分別嗎？

李：因文化不同及人手資源較為充裕，澳洲的精神科職業治療與香港的是有很大分別的。澳洲的福利比較全面，職業治療師很注重心理治療，不論在病房或部門內，除提供個別評估及訓練外，便是以小組形式安排社交技巧訓練、溝通技巧訓練、家居技巧訓練等。而在香港，工作復康是精神科職業治療的主要訓練項目，病人會被安排在工場內接受不同種類型的工作訓練，學習求生技能，重投社會工作。

你可否簡介一下職業治療的歷史？

李：在 1950 年，醫務衞生署獲得 900 元的捐款，在瑪麗醫院開始為病人提供職業治療。當時聘請了一位工

藝導師及招募了一班義工，除在瑪麗醫院外，還兼顧教導位於西營盤高街的精神病院精神病患者手工藝。

早期的服務是由外籍職業治療師提供的，那在與病人溝通上有問題嗎？

李：由 1954 年起，醫務衞生署開始由海外聘請職業治療師到港服務。受聘的外籍治療師會被安排修讀廣東話，為期三個月，因為可以學到的有限，所以不能與病人流暢地直接談話，更會出現雞同鴨講的趣事，當時的工業導師（現職系為職業治療助理員）會幫助外籍職業治療師傳譯，以達致雙方有效的溝通。

可否講講不同年代的精神科職業治療？

李：職業治療師在 1950 及 1960 年代，在精神科的服務對象主要是住院的成年人。至 1970 年代初，服務才邁向社區發展。而隨着不同的專科服務在 1980 至 2000 年代相繼成立，職業治療也由成人精神科拓展至老人精神科、兒童及青少年精神科、法醫精神科、智力障礙、思覺失

右圖｜1960 至 1970 年代，鐵工及燒焊工作訓練。（來源：陳小冰女士，青山醫院職業治療部）

　　　戰後香港精神科口述史

調、嚴重弱智成人服務、物質濫用及酗酒服務。

　　1960 至 1970 年代因職業治療師人數不多，所以每一個精神科部門只能有一位治療師為病人作評估，及以小組形式訓練病人在家務料理和人際關係應對的技巧。而大部分的病人，在職業治療助理的教導下，接受傳統的手工藝訓練，如木工、鐵工、籐工、車衣、文書、印刷及烹飪等活動。

　　在 1970 至 1980 年代，作為獎勵項目的一種職業治療師亦會安排大型戶外郊遊及節日慶祝活動，病人十分喜愛參加這類聯誼活動，尤其是他們可以欣賞到治療師粉墨登場做大戲、唱粵曲、表演魔術等。曾經試過在禮堂內筵開廿多席，並邀請了樂隊歌星蒞臨表演。但在 1990 年代開始，隨着工作康復訓練成為主流治療活動，這些戶外郊遊及慶祝活動也大大減少了。

　　1980 年代，工業在香港十分蓬勃，職業治療部與外界廠商合作，提供貨源給病人作工作訓練之用，包括

有穿膠花、玩具包裝、食品包裝、原子粒收音機機板燒
焊等。

　　1990 年代開始，職業治療師開始使用經由專業研究
的特定工作評估系統及模擬程序，對復康者進行綜合工
作評估，以釐定其工作復康計劃。自 1997 年後，很多工
廠撤回大陸開廠，病人訓練活動除了由大組形式轉為小
組訓練外，訓練內容也要隨着社會改變而與時並進。新
的工作訓練以服務性行業的工種為主，包括有倉務管理、
運輸組、清潔組、洗熨組、餐廳訓練、小賣部訓練、服
裝銷售店及印刷服務等。

　　隨着科技發達，電腦訓練在 2000 年代開始盛行，而
且很多日常工序也變得電腦化。電腦輔助認知訓練也相
繼登場，在電腦螢幕上，提供重複性訓練及準確的即時
回應，以提升病人的認知功能及工作技能。

想問問你怎樣應付龐大的部門營運經費？

李：以往政府每年給部門的撥款只限於服務的發展，如增聘員工和添置機器或特別物料，但在文娛活動方面所得到的撥款近乎零。要解決龐大的活動經費，如病人的獎禮品、獎勵金和節日慶祝，部門會定期安排病人手工藝製成品銷售日，所得的款項用來支持開支，而在病人工作訓練，如為廠商工業製品加工所得到的工資，和小賣部、餐廳、服裝店等的盈利也會用來維持病人的活動經費。

最初期的職業治療因要應付大量的轉介個案，須依賴傳統的工藝模式，以穩定病者的精神為主。隨着社會環境及病人服務需求在不同年代有所改變，治療師本着服務信念：任何人均可選擇過有意義的生活，努力鑽研及發展創新的治療項目，為病人進行評估外，也培訓患者的個人料理，建立工作能力、社交技巧及正面的思想習慣。而在另一方面，職業治療師會實踐實證醫學，以確保所提供的病人服務有良好的臨床成效外，亦參與醫院認證計劃，確保病人服務能維持高素質的水平。

職業治療師會繼續憑藉合適的治療活動、康復教育、技巧訓練及環境改善，去評估及協助接受服務人士重新投入家庭，工作和生活上的不同角色，令康復者能成功融入社會，貢獻所長及積極面對人生。

　　職業治療師通過評估及合適的訓練，協助精神病康復者重新融入社區。治療師所提供的評估及訓練，可分類如下：

　　1. 獨立生活技巧

　　獨立生活技巧是指每個人在社區生活所需要的基本技巧，包括懂得照顧個人的健康、適當地清潔家居、處理家居安全、處理金錢和時間及培養合適的興趣。

　　2. 工作康復

　　在進行綜合工作評估後，治療師會與康復者釐訂其工作康復計劃。除訓練康復者的工作習慣、專注力和技巧外，也會安排求職技巧訓練、工作社交技巧訓練和工作壓力處理訓練。因應康復者的工作能力，治療師會轉介他們到合適的工作環境，如庇護工場、輔助就業、僱員再培訓計劃或公開就業。

　　3. 社區生活技能

　　社區生活技能包括出外購物、交通工具的使用、公共設施及資源的使用，治療師會鼓勵康復者積極參與社區活動。

12

並肩作戰的醫務社工
薛棟先生專訪

文｜潘裕輝

日期｜2015 年 9 月 8 日
地點｜油麻地逸東酒店都會酒廊
受訪者｜薛棟（薛）
採訪者｜李兆華、黎文超、潘裕輝

上圖｜薛棟先生（李兆華醫生提供）

在精神科的世界裏，並非只有醫生護士，社工在精神科發展的路上也有舉足輕重的地位。香港在戰後經濟開始繁榮，社會除了關心如何令富者越富之外，也關心弱勢社群的福祉，社會工作的理念也就迅速萌芽發展。至於醫務社工，別以為只是純粹醫療費用的豁免，實際上醫務社工以其專業的知識、方法、理念，協助病人及家屬在疾病治療過程中，減低「非醫療因素」的干擾，以便順利接受適當的醫療服務，早日離院重返回家庭或社區，恢復其社會的角色和功能。對於協助精神病人重返社區，醫務社工的角色更加不可或缺。

薛棟先生在 1977 年投身社工界，退休前是社會福利署的助理署長。他見證着社工專業在香港精神科發展上的地位。

進入精神科醫務社工世界

請問你是如何進入社工行列？

薛：我於 1971 年在牛津道培聖中學畢業，之後在中文大學修讀社工。當時只是偶然的選擇，覺得社工這門學科應該是相當實用吧。在崇基學院的日子很愜意。我在 1977 年畢業後，就投身社工行列了。

社工和醫務社工有甚麼分別？

薛：「醫務社工」這個稱呼，沒有一定的說法，在以前有醫務衛生署的時代，在醫務衛生署工作的社工，當然就是醫務社工。到後來，社工架構被納入了社會福利署之內，全部社工都要輪替各種服務崗位，那麼社工只要被派駐到醫院工作，就稱為醫務社工。

醫務社工的工作也包括個案跟進的工作，例如：輔導、處理醫療費用豁免、申請傷殘津貼等等。

請問你何時當上社工？成為醫務社工多久？

薛：我於 1977 年畢業當社工，1985 年至 1986 年期間，被部門安排到英國伯明翰（Birmingham）進修。到了 1986 年年尾，我在油麻地分科診所工作。其後，社會福利署因應當時新修訂的《精神健康條例》，在精神科醫院及診所的醫務社會工作單位增設社會工作主任職位（又稱 senior practitioner posts）。我在 1987 年擔任這個新職位；1991 年轉到九龍醫院工作了兩年；再往後就轉任其他職務，包括員工培訓、發展資訊科技；直至 2006 年初，我接替 Miss Ophelia Chan 的工作，被調派到康復及醫務社會服務科，我所負責的其中兩個主要工作，便是處理醫務社工服務和發展弱智人士和精神病康復人士服務。我是在 2007 年 12 月退休的，接手的是 Mrs. Cecilia Yuen。我退休時的職位是社會福利署助理署長。

請說說你在 1985 年至 1986 年期間在英國伯明翰（Birmingham）進修的經歷。

薛：當時前後大約有 20 位同事到海外受訓，他們分佈在英國幾個不同的城市。到 1987 年至 1989 年期間，有不少受訓的同事都晉升了。

1985 年，我去了伯明翰修讀一個為期 12 個月的碩士課程，期間有兩段實習，分別在醫院實習約 4 個月（每星期兩天）及中途宿舍實習 2 個月（全職實習）。當時實習的醫院名稱是 Midland Nerve Hospital，以今天的角度看，醫院的名字為神經醫院，有點奇怪。至於中途宿舍，印象中地方很寬敞，有獨立大廳和睡房，有充足的工作人員，而且舍友的自由度比較大。

社工有一個輪調制度（Posting Policy），請問這個制度有何利弊？

薛：輪調制度是指一名社工，大約每三至四年就會轉換崗位，好處是職員可以有多方面的發展，了解不同受助者的不同需要，而且可藉此累積不同服務的經驗，有助比較全面性的發展及日後的晉升；缺點則是專門的經驗不足，一位社工在一個新職位，工作三年才剛剛「上手」，尚未能說是經驗「老到」，就被調走了，這與專業的理念不符。

這個輪調制度對精神科醫務社工的工作有何影響？

薛：在 1983 年，根據《精神健康條例》第 136 章 71A 條指出，裁判官可發出手令，授權「可協助行使所授權力的人」把精神病人帶往急症室或安全地方。然而，一名新上任的社工，必須要接受一些培訓，累積一定的經驗，才可以作為「可行使授權」的社會工作者吧！同時累積了經驗，工作上的信心也自然更足夠。

可是培訓需要時間，當培訓得差不多有成績時，同事卻要被調走了，結果是，經驗豐富的同事難求！對單位的主管來說，他們向同事傳授了不少實際工作上的技巧，也花了心機在工作的磨合上，但轉眼又要換人，難免也有洩氣的時候。

另外，社署的社工代表政府，在資源分配和質素監察上，應該要比非政府機構更加熟悉專業，才能更好地執行監察的工作。可是一些非政府機構的同事，因為他們不用輪調，反而比社會福利署的同事更熟悉行業內的運作，這並不是理想的現象。

還記得當日醫管局發展思覺失調服務（EASY），醫務社工服務由社署提供人手。當時熊思方醫生說希望該服務的社工不會於短時間內被調走。我理解他們的想法，可是我卻無能為力，礙於部門人事政策，有需要時也要換人。因為這是既定制度，亦和這些社工長遠的晉升機會有關。

你如何評價精神科醫務社工的工作？

薛：精神科醫務社工的模式與外國相似，我們和醫生及社康護士有着密切的伙伴關係。然而整個個案還是以醫生作主導，由醫生轉介個案給社工，所以社工和醫生之間的溝通更重要。

工作上有甚麼難忘的事情？

薛：當時面對精神科的危機處理，很多機構還在摸索階段。有一次我們花了很多工夫做家訪，找到病人和家屬了解情況，也落足心機做危機處理評估，認為有即時危險時，就由西貢跑到新蒲崗向裁判官申請手令，有一次那個官竟然說他不熟悉這條例，所以不能簽發手令，我們亦無可奈何。後來又再去找主任裁判官，才順利得到手令。

無論港九新界，如有需要，社工都會上門進行危機處理。有時候接到家屬的求助電話，就出發了！偶爾也會遇到一些精神病復發的個案，但又因不至於太嚴重，他們堅決不肯見醫生，令我們無辦法作即時介入。

當碰上一些危機處理的個案時，我們會帶當事人到急症室，當事人看見「白色制服」的職員，立即乖乖聽

話，變得很合作。急症室醫生對精神科的認識未必很足夠，不少當事人都被這樣白白放走，錯過了入院治療的時機。後來社康護士的發展越趨蓬勃，終可分擔部分醫務社工負責的危機處理工作了。

1980 年代，醫務社工的工作和現時有甚麼不同？

薛：1980 年代的個案出路比較簡單，院舍和日間服務品種不多，主要是中途宿舍和庇護工場。反觀現時的服務五花八門，資訊比以前豐富得多了。

有一些社會的大案件，例如元州邨事件、郭亞女事件，對醫務社工的發展有甚麼影響嗎？

薛：那些社會的大案件，對福利發展有一定程度的影響，例如元州邨事件發生後，中途宿舍便如雨後春筍般成立。不過始終社會的發展，還是以資源分配為主導，所以個別事件的影響不算太大。

當時社工服務的資源分配是如何的呢？

薛：社工服務的發展與政府撥配資源的方法有關，亦間接促使了五花八門的發展項目。有時上一年才發展了一個項目，成效是不錯的，本應持續發展，但是到了第二年，申請同一個項目撥款延續，往往不會成功，反而另外申請一個新項目，另立一個比較創新的名目，開發新一批目標受助群眾（Target Group），獲批資源的機會較大，於是又順利開了一個新項目；再下一年，又是開發新項目才能獲批資源，結果多年之後，項目就變得五花八門，當中少不免出現重疊的情況，但個別項目卻

又未必可以持續發展。

我看到社區的服務品種太多，受助群眾的分類太多，反而令受助者摸不到門路，所以我提出發展精神健康綜合社區中心（Integrated Community Centre for Mental Wellness, ICCMW），綜合不同的資源來幫助有需要的人，一個分區內的有關服務，由一個非政府機構提供，這個建議在我退休後不久才獲得通過，所以我並沒有參與到落實工作。據悉，由於要物色適當的地點去建立這些中心，社署花了不少工夫覓址和做地區的諮詢，看來成果不俗。

有哪些非政府機構的服務比較好？

薛：社區服務主要都是由一些大機構主導，新生精神康復會、香港心理衞生會、利民會、東華三院、浸信會愛群社會服務處等等，每一間都很好，我並沒有發現質素差的機構。

在你工作生涯中有哪些伯樂呢？

薛：初初當精神科醫務社工時，我的上司是 Theresa Wong；她是我的好導師。

醫療界也許曾經出現過一些大宗師，但社工界的工作性質則比較少有出現大師傅的情況。

請跟後輩們分享一個心得！

薛：要當精神科醫務社工，個人心理的特質很重要，面對精神病人時不要怕，當被個案當事人無理責罵時，不要太放在心上。

社工的輪調制度要求社工每大約三年更換崗位，以致社工個個見聞廣博，並得到了解全港服務的機會，但也造成了缺乏專門專科的資深同事的問題。我想起宋朝趙匡胤黃袍加身得天下，實行中央集權，外郡將領每半年更換，造成兵不知將、將不識兵的現象。有人說宋朝因此而積弱，有人說宋朝的國祚因此得以久長，其實世界上沒有完美的制度，每一個制度，總有利弊。

我們在油麻地的酒店會面，在落地玻璃處回望油麻地的風光。回想當年，油麻地分科診所就是精神科的重鎮，重遊舊地，當天工作的情況彷彿歷歷在目。今日宋朝已經是歷史，油麻地分科診所亦改為兒童精神科門診。世界不斷在變化中。

　戰後香港精神科口述史

　　1983 年，許冠傑的電影《最佳拍擋之大顯神通》，有一隊穿着白色制服的職員隨時能殺入任何地方捉任何人；1995 年，周星馳的電影《回魂夜》，星爺也是被「重光精神病院」的職員強行捉回醫院。這些笑話，就是文中薛棟先生說的危機處理嗎？

　　遇上一些危急情況，例如傷人或自殺事件的話，醫院的同事會進行精神科危機處理。這種行動，現在多數由精神科社康護士和個案經理執行。很多人以為成敗得失在於捉到對象與否？實際來說，「捉人」不是醫護的強項，我們重視的是安全。如果經過評估，認為事態緊急，會陪伴對方到急症室，尋求進一步的治療，甚至強迫住院治療。

　　所謂「危機」，是有危有機，在危險的同時，為病人帶來一個治療的機會。

13

新生精神康復會帶領患者走進社區
溫麗友女士專訪

文｜梅杏春

日期｜2015 年 9 月 9 日
地點｜金鐘愛烘焙餐廳
受訪者｜溫麗友（溫）
採訪者｜梅杏春、陳小冰、黎文超

上圖｜溫麗友女士（梅杏春女士提供）

熟悉屯門區的人，都知道在青山醫院後門位置有一個新生農場。在 1960 年代，香港未有土地問題，新界仍然是遍地農田，精神病康復者在農地上日出而作，日入而息，是一種付出努力後，獲得價值的肯定。營運農場的組織就是新生會，今次我們有幸訪問新生會的骨幹職員溫麗友小姐（Deborah），聽一聽精神科康復服務如何走進社區。

我想先了解一下新生會的歷史，因為已經有 50 年了，我們想知道關於創辦人及名稱等資料。

溫：最早期其實是新生互助會，在 1959 年成立。這個互助會創辦人是劉曼華醫生，即是 Dr. Stella Liu。她是一位精神科醫生，是高街精神病院的醫生。

她為何會創辦這個互助會？

溫：她發覺在青山醫院工作時，有很多病人出院後沒有地方聚腳，所以成立了一個互助會，幫助病人出去後有個好去處，於是就在青山醫院後面租了一個地方，搞一些砌磚、小手作等等活動。地方雖不算大，但這就是現在農場的雛形。

這個互助會之後發展成了一個互助組織，直至 1960 年才正式成立新生精神康復會，是一個註冊非牟利機構。由鄔維庸醫生擔任第一屆主席。其實當時的創辦人有兩

位，分別是劉曼華醫生和鄔維庸醫生。

鄔維庸醫生創立新生會是基於甚麼理念？

溫：那時他雖然在青山醫院工作過，但他其實是心臟專科醫生，不是精神科專科醫生，所以當時也是被推舉之下才擔任主席。直至他在 2006 年去世之前，一直都是主席，只是中間有一兩年沒有做，算起來他是任期最長的主席。

劉鄔兩位醫生皆令我印象深刻。我本身認識他們兩位，也熟悉他們的性格，亦知道他們辦這個會的目的。鄔醫生找我加入，最初我只是擔任義工的角色，是後來才轉為正式職員的，我很明白他們的需要。

劉曼華醫生的想法很簡單，最重要是讓病人出院後有地方可去，有地方可住和有工作可做。她對病人的看法與當時其他的精神科醫生很不同，她會與病人混在一起，邀請他們到自己家中。

我也曾到過她的家，她為人很隨和、待人平等，病人們都很喜歡她。她沒有架子。是她感染到我對待所有康復者（不叫病人），都是同等的！因為他們只是有病，需要醫療人員幫助，彼此不應該有高低之分。當時我作為一個社工，更加要明白這個原則。我在新生會工作時，也是按着她的想法去幹的。

當年我在義務工作發展會負責義工的服務，而劉曼華醫生在荔枝角醫院成立一個 Kiosk（小賣部）賣東西，需要找義工幫忙，我們才第一次見面，大約是 1970 年代初，應該是 1972 年、1973 年左右。

早期就有這樣的服務，很難得！

溫：是的，很早期。當時荔枝角醫院很「吊腳」（交通不便），但我懂得去荔枝角醫院，可以去協助劉醫生經營這個 Kiosk，聯同一眾義工一起營運。

至於鄔醫生，我也是在當義工時認識他的。我在1974 年至 1975 年加入了新生會，那時主要負責男宿舍的義工服務，是張鴻堅醫生之前的那一任主席邀請我出任 subcommittee member 的。那個男宿舍在土瓜灣啟明街 16號 4 樓，有人住的，現在應該還未拆卸。

當時，我們只租了一個面積 800 呎的地方，住了十幾人，我們叫它做「散仔館」，即是當哪些人沒地方住時，就可暫時當作宿舍。而且，我們聘請了一個康復者擔任看更，後來又聘請了第一個同事叫馬昇華。那時候規模很小，我負責管理這個委員會的財務和探訪社友的工作。時為 1974 年，幾年之後就離任了。這個就是早期的歷史吧。

那時的資金從何而來？

溫：是籌款。政府沒有資助，便要自己籌錢，籌到的錢不算多，主要用於在龍翔道買地，這是 1960 年代的事了。

那麼，甚麼時候開始有政府資助？

溫：嘩！故事很長。有一間宿舍在土瓜灣，是男宿舍；另外一間自置的物業在觀塘，是女宿舍。差不多在1970 年代，開始在觀塘自購物業。與此同時，亦有位有心人士捐贈了一層樓給新生會，作為男女混合宿舍。那

個時代仍未有政府的資助。之後是政府提供的屯門宿舍，是現在的新發邨地下（按：新發邨已經清拆，現在是 V-City），之後是黃竹坑政府提供的地方，用作工場訓練。後來才有了一個工場，叫「九龍工場」，地址在長沙灣，詳細的情況不太記得了，只記得九龍工場後來搬遷到葵盛工場，就是這幾間。

那麼九龍宿舍在什麼地方？

溫：1970 年代，在九龍租了 800 呎的地方做宿舍的。到後來第一間使用政府資助的單位，就是黃竹坑工場，時間應該是 1978 年、1979 年左右，在公共屋邨成立庇護工場，這是由社會福利署邀請非政府機構合辦的。

後來九龍工場在 1981 年搬往葵盛，就是使用政府資助的了。其餘那些中途宿舍（Half way house）都不是正式由政府資助的。

以前很早期有「after care service」，即是續顧服務，就是請一個社工幫忙跟進個案，不過早期的規模很小。

早期工作待遇如何？

溫：我於 1981 年入職總部，部門只有幾個人，我當秘書（secretariat），有一個大任務是統籌，真是要命！

之前的架構中人人薪金不同，因為每個單位也有小組委員會，由委員會決策招聘。後來有個人負責正式訂立薪酬、營運和服務範圍，這個人就是總幹事。我並不是第一個總幹事，但有見在位者轉換得很厲害，大家見到我一直在做這類工作，後來就來找我接任。

哦！原來你不是第一個總幹事，因為你太深入民心，大家都以為是你。

溫：我不是第一個，因為其他人都做幾個月就離職。那麼多義工，個個都很「威」（來頭不少），很多人在不同地方擔任主席，周圍都是主席，怎樣做呢？

說回資助，後來屯門宿舍就是由政府資助的。早期有以下幾間：黃竹坑、農場仔、男宿舍、女宿舍，之後才有屯門宿舍，成立的資料你都可以找到。

當時你在哪裏上班？

溫：我入職時的機構是扶輪宿舍，專門收容智障人士，在筲箕灣泰樂街 8 號。宿舍樓上是辦公室，現在還存在，不過已經改變了用途。

你們的總部，最初是不是在南昌街？

溫：最初我們在油麻地合發商業中心成立總部，面積很小，只有 700 呎。

那時為甚麼選油麻地？

溫：因為鄔醫生的診所就在油麻地，所以我給他簽支票很方便。而且大家需要傾談時也很方便，鄔醫生可以隨時約我吃午餐，開個會議。由 1982 年開始到 1996 年，我都是在油麻地上班，這麼多年來都有政府的租金津貼，直至南昌街大樓落成後，就整個總部搬過去。

南昌街總部何時落成呢？

溫：1997 年開幕，1996 年落成時已經陸續搬過去。

1997 年是由時任特首董建華先生擔任我們的開幕嘉賓。

回想當初我一上任，就要我做「南昌 project」，甚麼是南昌 project？就是已經有幅地皮，不過遲遲未落實要如何發展，所以有時會租借給地鐵公司，有時又租借給另一些機構舉辦活動，我就負責這些工作，就這麼一個 project，我折騰了幾十年。

南昌 project，這一定是個很犀利的 project 吧？

溫：簡直恐怖，由頭至尾都要負責。當我們建南昌街新生會大樓時，鄔醫生認為裏面應該要有訓練中心，所以就向馬會申請撥款，捐獻一個基金──Jockey Club Institute of Psychiatric Rehabilitation（賽馬會精神康復學院），在大樓裏也興建了演講廳和幾個課室，可見鄔醫生為人甚有遠見。

還有另一個 project，就是興建長期護理院，也真是要命！

那時全靠 Stella Liu 的影響力，政府才批出了兩幅地皮，一塊在南昌街（即是現在的新生會大樓），多謝 Sweetman（劉曼華丈夫，政府高官）的協助。這是一幅非商業用地，即是 GIC（Government 或者是 non-profit 的 institution）。

第二幅地皮位於屯門，現在是長期護理院，就是屯門青山醫院前面那幅三角形的地，所以我上班的第一項任務就是建樓。

你建完一間又一間，建了多少間？

溫：只是三間，兩間巨型的，另有一間小型的 farm house。這都已經成為歷史了，也是初期的情況了。

新生會的服務開始時是否只是住宿服務呢？

溫：不是，也有工場。住宿和工場是一起的，缺一不可。在農場是種菜、養豬、砌磚。工場是青山醫院的康復者最好的落腳地。如果沒有家人照顧，到工場去是很好的選擇。

到你離職時，工場和宿舍共有多少間？

溫：嘩！很多物業，宿舍是十多二十間，1980 年代時的工場應該有六間大型的庇護工場和農場，接着還有其他宿舍。例如中途宿舍便有銀禧宿舍，即是以前在太樂街的扶輪宿舍，搬了之後才改稱「銀禧宿舍」的，接着有田景宿舍，是給智障人士住的。另外，還有間私人的樓宇——精工 house。又有人捐了一間屋在美孚新邨，之前一直用作 self-finance hostel（自費宿舍），後來沒有人管理，唯有遷走住客，改作其他宿舍。在堅尼地城的自費宿舍，是三等歷史建築，在堅尼地道上面一點的位置，最近才因不符合使用條件而歸還給政府。

不少人一知道是為精神病患者服務的，就會很敏感，你在為宿舍和工場覓場地時有否遇上困難？

溫：當然有！我們那時計劃將男宿舍搬去新翠邨，因為本來的宿舍環境和各方面條件都不能配合，而且地

方又小。可是，恰巧碰上 1982 年發生了一宗悲劇——元州邨事件，在社會引起的迴響很大。政府覺得社區需要這些宿舍，於是就大力發展這類中途宿舍，並撥了公共屋邨——新翠邨給新生會「reprovision」，我們即時打算由土瓜灣的宿舍搬過去，可惜裝修好了卻不能入伙，因為居民大力反對。

這個計劃遭到新翠邨居民的反對，他們擔心會有危險，於是我們便很有耐性地為居民做公民教育和召開居民大會。過了兩年，並沒有發生任何事情，我們終於可以入伙了。後來政府認為有需要繼續在社區設置宿舍，就計劃在所有新建屋邨內都預留部分單位作為宿舍之用，所以博康邨和竹園邨已預先做好預備。新居民搬入時會告知他們那些宿舍的位置，讓他們自行決定搬不搬進來住，因此才得以成功設立多間中途宿舍，而且一開是「打孖」開的。當時，新生會與心理衞生會每年都開辦兩間宿舍。

那時修改了制度後，政府規定每間宿舍收容 40 人，不可少收。有個標準的計算法，是根據面積呎數與收容人數的比例，以標準成本（standard cost）計算要聘請多少個職員，以及聘請甚麼位置的職員的。當時，我便是幫忙訂立這些 standard cost 的。

1980 年代，我們也因為要配合需要而開了很多工場。新的工場除了有黃竹坑、葵盛外，還有田景工場加宿舍，亦開了竹園工場，黃竹坑 reprovision 就搬了去石排灣，還有農場……

這 28 年來，青山新生農場一直存在，為甚麼呢？

溫：農場最初期並沒有政府資助，又不屬於工場管轄範圍，只可容納二、三十人，地方很小，環境很差。在 1980 年代初，透過鄔醫生的關係，得到扶輪社捐贈一間扶輪宿舍，並在 1982 年興建完成。這樣就可以將以前環境較差的「屋仔」搬去比較理想的環境了。至少也要有個沖水廁所吧。

那時要申請成為政府社會福利署承認的中途宿舍，是個很複雜的問題。如果只有 20 個病人，怎能申請到中途宿舍呢？農場佔地面積很小，所以只好再向政府租了附近另一塊地，那塊地是由漁護署負責管理的，我們用來做種植工作。

住宿方面，我們經過了五、六年的時間去爭取，最終是以地換地的方法，才獲得現在農場宿舍那幅地皮。那本來是政府的地，後來成為了屬於我們新生會的地，並正式成為了標準的中途宿舍。

為甚麼會想到這麼高明的方法，懂得以地換地呢？

溫：有高人指點！這個中途宿舍為何能夠成功成立呢？因為它是收容有危險性、暴力傾向的病人，當時並無同類型的宿舍，唯有興建新建築。那時，南昌街的建築物尚未建好，所以這間是香港第一所這類型的中途宿舍。

聽到第一所目標為本的中途宿舍（purpose-built halfway house），以收容有暴力傾向的人為主，可能有人會問會否出事呢？答案是「沒有出事」！我們人手多而且對當事人們很好，我們採取 mixed mode（混合模式），

大家並不知道誰有暴力傾向，彼此可以漸漸被同化。

接着，我們又去研究如何做種植。1990年代，我們開辦了建生菜檔，很受歡迎，雖然不是有機的，但種的都是很健康的菜。幾經艱苦我們才得到農場這幅地，我們要好好利用，養羊、養雞，那時我們也會發售農場的雞蛋。

後來，漁護署搬走了，那邊的辦公室便被空置了很久，我們當然「謀住佢」啦，這麼好的地方！於是，我們向政府商討將那幅地皮作為種植之用，可惜過程不是很順利，因為董特首原來想將那幅地皮用來建屋，後來得悉「八萬五」的建屋計劃不執行了，我們立即向政府申請使用這塊地皮，但政府希望我們可以增加庇護工友的人數，於是宿舍的住宿人數便由20人改為40人。另外，原本工場只有60人，未能達到標準，我們承諾取到該幅地皮的使用權後，要營運一所可收容120人的標準工場。

為了爭取成功獲批地皮，我們花了不少唇舌，要說服政策局的頭目，即前財爺曾俊華司長，我們要親自向他講解圖則、規劃、農夫的工作和目標，我們與我們的好拍檔社會福利署（那時陳少蓮在位，我們很熟）、康復專員和其他政府門合作，幾個持份者一起去諮詢區議會，並取得他們的同意後，才成功獲批那幅地皮，即是現在的大農場。

1980年代，我與劉曼華醫生一起看過外國的農場，認為有機農場很有發展空間，而我更覺得會有市場，地皮那麼大，不發展有機農務，實在浪費，所以就轉做有機農場。以前農場裏有養豬，豬屎很乾淨，可以做肥料。

後來不可以養豬了，因為要解決 drainage（排污）的問題，我們索性不申請牌照，就改了養乳鴿，所以就需要到外面買肥料。

那時，我們投資了很多資金去開墾地皮，另外又請了兩間香港的認證公司來評估我們種的菜。因為我們耕作的時間是普通菜的兩倍，售價當然較高，所以有必要將我們的耕種法解釋給客人聽。

於 1995 年，我們在西鐵站開店。其實，要向九廣鐵路公司（港鐵公司）租西鐵的舖位是很麻煩的，「查身家咁查」，才被分配到離輕鐵很遠的位置，因為租金較便宜，於是租了兩間舖位。直至 2000 年開始，我們才慢慢轉做有機耕種。當時，我們已在建生邨開了菜檔很多年，而且很受歡迎。

2004 年有機菜檔開檔時剛好是 SARS 之後，市民都喜歡有機菜，所以一開張生意便很旺，我們將農場種植的菜搬出去那裏賣，見到生意如此興隆，就開始物色下一個銷售點。和九廣鐵路公司傾談後，適逢馬鞍山鐵路就快落成，但最後成功開店的位置卻是在大圍站，這次他們的商舖位置任我選擇。大圍店一開也一直旺到現在，開張至今已有十年了。

總結起來我們共開了五間社企的菜檔，後來有兩間結業了。南昌店在我的時代便已經結業，因為那是個轉車站，所以沒有太多生意。後來我離職後，愉景灣那間也結業了，現在只剩下三間。

甚麼東西令你想到做社會企業呢？

溫：1980 年代，我覺得工場最初做的工作很「低 B」，日日只是摺紙，做出來的東西並沒有實際的用途，例如幫人包裝等工作。這既不切合我的性格，工友也並不享受工作，而且不能讓他們感受到存在的價值。於是，我就開始思考可自家製，不再做 sub-contractor（外判），初期只做一些簡單的手工藝，發現原來與各方面作出配套，便可以出售。當中令我最印象最深刻的是葵盛工場，我建議大家自己製豆漿，因為我很喜歡吃豆腐花、喝豆漿，尤其喜歡無糖豆漿，那時坊間並沒有賣，所以由那時開始便營運製作豆漿的生產線。其實，運作起來比想像中簡單，只需買幾部機器，煮滾豆漿就安全了，要求沒有現在那樣高。那時要製造有機豆漿、豆腐花和豆腐，一站式服務是很重要的，要有齊由工場到產品銷售的服務才算成功。

到了新生會大樓開幕時，我又成立了車衣專線「sewing」，做旗袋、紅白藍袋等等。產品做到街知巷聞；另一條生產線則是長期護理院的職業治療，例如製造膠花和磁石等。

黃竹坑工場搬去石排灣後，生產主線是製作麵包，第一可培訓院友做麵包的技術，第二是支援新生會的麵包市場。因為，當時我已說服了工場的經理租了個士多房賣麵包，並成立了「新生糕美」。

另外，室外工種包括清潔，例如郊野公園和葵青區的清潔工作。到了 1990 年代，就與九龍醫院合作做零售店，由於我和醫院的行政總監熟稔，他批准我們推車在病房賣東西，亦是很受歡迎，之後他又在 Rehab block 劃

出一個地方讓我們開 kiosk（小賣部），由殘疾人士經營，所以工作既有室外的，也有室內的。

所有工場都很受歡迎，客人都首選光顧我們的工場，由此證實它所帶來的好處，以及可以幫助已出院的康復病人就業，以及令他們感到有存在價值，提升他們的自尊心。對康復者來說，他已經不是一個「病人」，而是可以企得起身，抬得起頭，有穩定的工作，等於正常人一樣了。這樣康復者也會變得開心起來，對於他的精神健康也有好處。能力高的工友，更可以輔助就業，之後就可以公開就業。

社區共融服務

除了直接提供服務給精神病康復者，請問新生會有沒有社區共融服務或社區支援服務？

溫：當然有。我們有日間訓練及活動中心（Training Activity Centre, TAC），TAC 的作用是讓康復者（例如家庭主婦）既不用返工場，又有個地方可以學手藝，與人聊聊天，既有人際間的聯繫，也有支援。屯門安定、友愛及總部都有這類服務。

2009 年，這個服務正式轉為精神健康綜合社區中心（The Wellness Centre, TWC），在天水圍開辦第一間，之後在十八區都有，而其他 NGO（非政府組織）也跟隨我們的做法，但這個是我們率先向政府建議的。

你們有沒有宣傳精神健康的社區活動？

溫：當然有！因為康復委員會轄下有個公眾教育小組，我出席了很多年的康復委員會大會，每年皆由兩間機構（新生會或心理衛生會）主力舉辦「精神健康日」、

「精神健康週」，甚至「精神健康月」。1990年代起一直到現在，醫管局也有舉辦類似的活動，因為宣傳精神健康有其作用，可以讓病人、家人，以及未發病的人認識甚麼是精神健康。這是我們一直很重視的工作。

很成功呀！我們說了那麼多成功的例子，但在提供服務期間一定有遇到困難或者較大的障礙吧！有沒有令你感到比較刻骨銘心的事？

溫：第一件刻骨銘心的事是居民反對建中途宿舍時，我要周圍去做諮詢，被人指住我罵，真淒涼！

可不可以說一下被擲死老鼠一事？

溫：當時，我和沙田的民政事務專員在沙田新翠邨開會，商量如何做公眾教育，有衰人把一隻死老鼠扔進來，真是離譜！當年沙田區的區議員就責罵我，大家都是社工，怎能如此？我既氣憤又難過，這明顯就是針對精神病人，有歧視！

去南昌街的深水埗區議會小組委員會開會時，又要「解畫」，低聲下氣，這個CEO很難做，又要被質詢。

另一件刻骨銘心事，是有個議員問我：「你可不可以擔保無事發生？」我說：「先生，我都不能擔保自己沒有精神病，你敢不敢擔保自己無精神病？」他立即閉嘴！我怎樣擔保？我盡我的能力做服務，做早期介入，有事就立刻處理，例如不肯吃藥的病人，我們便安排他早點覆診或提供多些社康護士服務。

第三件刻骨銘心事是有個被解僱的員工，控告我們中途宿舍晚上不給員工當夜更薪酬。其實當夜更時，中

途宿舍要求員工在那裏睡，其中有兩個鐘是有薪的，其餘時間便可自由睡覺。我親自到勞資審裁處去辯護，更拿出更表和紀錄，證實除了那兩個鐘頭外並沒有工作要做，法官也判我們沒事，不過就要我們改善，所以最後我們便取消了夜更，改為要求員工早上辛苦點來上班。我是好心地做的，但卻有人要搞破壞。

第四件是鄔醫生 2006 年過身，對我打擊很大，他病發兩個月後就去世了，好突然！我和他工作起來很合拍，他信任我，又放手給我決定權。他領導果斷，敢於作決定，執行委員會人人都尊重他。我也是個務實的人，和他拍擋時，新生會就一波一波地前進。他是康復諮詢委員會的主席，所以他可以推動政策，例如開辦中途宿舍，都是因為他了解到有需求而在會內提出的。鄔醫生過身後，我也說我將快離開新生會了。

政府改了制度，變成一筆過撥款後，對於新生會有沒有甚麼大影響呢？

溫：沒有太大關係，因為我管理得很好和懂得怎樣運用資金。

因為很多人都說這政策令 NGO 的行政開支面臨很大困難。

溫：如果你管理得不好，的確會感到不足夠。不過，政府只是其中一個資源來源，我認為 NGO 不應只依靠政府。所以新生會辦賣旗、開社企，所有工場都有盈餘，農場的品牌亦能吸引商家贊助，例如我們與鄧麗君文化基金的合作，便得到了雙贏的局面。

左圖｜攝於訪問後。前：
溫麗友；後排左起：梅杏
春、陳小冰、黎文超。（梅
杏春女士提供）

這個訪問，令我有很深刻的感受，首先是我們的同業不辭勞苦地推動精神健
康，使康復者能在社區共融下生活，但原來當中要面對的阻力和社區的誤
解，卻非筆墨所能形容。Deborah（溫麗友）簡單地說一句「落區解釋」，
背後豈止舌劍唇槍，所面對的是抗議、示威和死老鼠，不過誤會源於不理
解，業界同人未來仍然要努力，加強社區對精神健康的認識和接納。

另外，令我產生很深的感受的是氣氛，精神病本身是疾病，是醫療的事務，
是灰暗的；但到了 Deborah 手中，卻是一個企業，一門生意，是活潑的，是
創新的，是有盈利的。這是橙色的，鮮麗的。這樣看來，精神病人不是社會
的負擔，他們也可以為社會發光發熱。

　　精神病的康復，除了依靠藥物消除病徵、改善大腦的功能外，還要幫助患者重回生活正軌，在學業、工作、人際關係上擁有一般人應有的角色和機會。所以在這康復路上，病人自己、醫療團隊、家人、朋友和社會大眾的參與及支持是十分重要的。

　　經過治療後，大部分的病人都能夠回復以前的狀態，就好像一輛曾經拋錨的車已經重修，但這輛車能否繼續向前衝，除了有沒有人踩油門外，還要看前面的路是否平坦，有沒有後加的障礙關卡，當中歧視便是最大的關卡了。社區共融依靠病人的投入，也依靠社會的接納，是兩條腿走路，缺一不可。

14

香港心理衞生會的機遇
莫華勳先生專訪

文 | 李兆華

日期 | 2016 年 6 月 14 日
地點 | 中區政府總部心理衞生會餐廳
受訪者 | 莫華勳（莫）、何惠娟（何）
採訪者 | 李兆華、潘佩璆、黎文超

上圖 | 莫華勳、何惠娟。（李兆華提供）

　　＊＊潘佩璆醫生、黎文超護士及筆者三人於 6 月 14 日晚訪問香港心理衞生會（心理衞生會）義務司庫莫華勳先生。總幹事何惠娟小姐（Ms. Kimmy Ho）亦同時接受訪問。

香港於殖民地時代由港英政府管治，然而重大事情還需本地仕族世家支持。當年有不少世家，在政治、經濟及民生方面皆有舉足輕重的影響。

莫氏家族當然是香港重要的家族之一，子孫人才輩出，不論是政治、經濟、醫療、教育、環保，甚至是演唱，皆有蜚聲國際的成績。

說了這麼多，如果你以為我想詳細回顧莫氏家族，那麼你錯了。我只是想介紹今日的受訪者莫華勳先生出場，他的家族背景總是令人神往。

可是，如果你以為我想說莫先生憑藉家族的力量而行，那麼你又錯了。莫先生與大家香港人一樣，與你和我一樣，憑藉自己的力量，以踏實的態度，一步步闖出自己的天地，成就自己想做的事。這是我們常掛在口邊的「香港精神」。

早期的心理衞生會

心理衞生會是本港兩大心理／精神康復機構之一（另一為新生會），我和潘醫生也曾經是這機構的義工。雖然如此，我們對心理衞生會的早期歷史仍有很多不清楚的地方，請問你是否有參與心理衞生會的創立？

莫：我不是創會元老，但我早於 1969 年便與心理衞生會結緣。當年心理衞生會與港九街坊會聯合舉辦健康教育與安全展覽，我是一名皇仁書院的中學生，熱心地擔任義務講解員。展覽會設於旺角德明中學，我還記得「津貼」為每日 10 元。

當時心理衞生會首創學生會員，我是第一屆學生會

員。至 1976 年，我獲邀進入執行委員會，當時在任的其他委員都比我年長呢！

那麼，你對那些創會元老有甚麼印象？

莫：對於創會元老葉寶明教授和鄭何艾齡博士（Dr. Irene Cheng），我印象很模糊，只是在遠遠見過數面。

然而對於黃超龍醫生，我要豎起大姆指，靚仔、精英、權威……聽說黃醫生還遠赴澳洲領取了律師牌。

還有另一位元老蔡永業醫生（Dr. Gerald Choa），他在退休後才開始和我熟稔。蔡醫生在 1970 年代擔任醫務衛生署長，及後他更有份負責成立中文大學醫學院，公務實在繁忙。他退休後，每年心理衛生會的年會都差不多有出席，還表現得很輕鬆及樂知新事物。他尤其喜歡與我聊天，他話不多，但非常幽默，常有精警的言論。

最初你在會上擔任甚麼工作？

莫：1970 年，我讀完中六，心理衛生會成立醫院探訪組，我也有參與。我們到過青山醫院探訪院內病人。因路途不便，一去便是一整天，記得當年我們接觸過 Ms. Connie Yip〔後來的青山醫院護理總經理 General Manager（Nursing）〕。

可以說說心理衛生會早期的歷史人物嗎？

莫：心理衛生會成立於 1954 年，創會元老是葉寶明教授及鄭何艾齡博士，成立之目的在於推動心理衛生教育及精神復康。1970 年代尾，該會響應「世界心理衛生年」，舉辦「心理衛生週」，當時在香港大會堂舉辦講座

及展覽，還有話劇。

　　主力負責心理衞生會的都是社福界精英，很多也在社署內工作，其中有顧汝德夫人（Mrs. Goodstadt）。她的丈夫 Mr. Leo Goodstadt 於 1969 年擔任《遠東經濟評論》（FEER）的 deputy chief editor，她自己亦是政府高層。她是一位很優雅的女士，中文程度甚高，於台前幕後推動精神復康，作用很大。

　　另外一些社工元老，包括邱大斌先生（Mr. Khoo）、傅德枡先生（Mr. Foo）、黎徐紹兒（Ms. Shirley Lai）、陳肖齡女士（Ms. Ophelia Chan）。另外還有 Ms. Florence Ho 和 Ms. Helen Ho。

　　還有一位 Ms. Daphne Ho 也很熱心，可惜她於 1968 年退休後中風。有一位姓陳的 EO（非官守立法局辦事處）也有幫手（當時她是在 Chartered House，即以前的 Union House 工作）。

心理衞生會的發展又如何？

　　莫：香港戰後初期只有很少復康機構，至 1960 年代才開始發展，意念是把身體健康和精神健康置於一起。當時有幾個大型的中心，例如薄扶林沙灣（Sandy Bay）及觀塘有 World Rehabilitation Fund Day Centre。在南區則有一個香港仔復康中心，漸漸到 1970 年代才把身體健康和精神健康分開。

　　心理衞生會於 1967 年成立艾齡樓，是首間設於公共屋邨之中途宿舍。有 20 張床位，全男班，經費三萬多元一年。後遷往黃大仙下邨。人手只有 warden、caretaker 及一名 assistant。

那時的工作情況如何？

莫：當時開會比較簡單，有時在社署的 Board Room。記得是在 Hysan house 三樓，雖然我只是個中學生，但職員都認得我。

我有時會帶病人去覆診，記得是去盧懷海醫生位於尖沙咀的門診，地址是前英童學校，現在是香港古物古蹟辦事處。

另外，我也會參加小研究，1969 年我到過元朗、屯門、流浮山、大棠、唐人新村及屏山等地方做問卷，研究的結果會用作 advocacy 之用。我當時留意到流浮山的盲眼個案比其他地方多，細心看清楚，原來是打蠔工人並沒戴上 protective eye gear，一不小心，細小的蠔殼飛進眼睛而致盲。

其中最難忘的是 1977 年，政府請心理衞生會幫忙設計一所嚴重弱智兒童訓練中心及宿舍，每年經費為 400 萬元，位於白田邨 13 座，有 9 個班房。這計劃由黃敏恆醫生負責，後來我也加入。因為是史無前例，所以很辛苦，但和黃敏恆醫生合作非常愉快。後來九年免費教育及其他教育改革，又要中心的同事再進修，亦是一大挑戰。

要數最具轉變性的事件，還是要數 1982 年的元州邨事件，之後政府斥巨資興建了不少中途宿舍及中心，心理衞生會的觀塘大樓亦於 1997 年投入服務，但之前的麗港城復康日間中心（於容鳳書診所隔鄰）於 1992 年為部分居民所反對，尤幸有部分區議員，例如李華明有合理的呼聲。

上圖｜左起：李兆華、莫華勳、何惠娟、潘佩璆、黎文超。（李兆華醫生提供）

與莫先生暢談，毫無富幾代的驕橫之氣，也從不談及自己背景，反之，他談到自己當義工的經驗，領取十元的津貼，卻是難忘體驗！精神病人在社區上屬於弱勢社群，與仕族世家幾乎是相反的社會地位，然而每個人不論背景，盡力做好本份，味道仍是甜美的。

　　精神病大多都是由多重成因導致的，包括基因及生理因素（如：大腦傳遞物質紊亂）、心理因素及生活壓力；但這三個成因於不同病症中的比重都各有不同，甚至即使是同一種精神病，每個病人發病的成因都大有分別。因此，精神科的治療團隊都是由不同專業人士所組成，例如醫生、護士、心理學家、職業治療師及社工等，目的是希望從不同角度去為每個病人制訂專屬的治療計劃，協助他們從精神病中康復過來。

　　一般而言，精神病的康復首要是改善病徵，例如思覺失調的病人不再有幻覺，又或者抑鬱症的病人能再展歡顏；有些病人或會需要繼續服藥及覆診，以防止病情復發。當病症有所減緩後，更加重要的是協助病人重投社會，使他們能再次融入身邊的社群，享受當下的生活。

15

喜歡農村安靜環境的院長

陳庭揚醫生回憶錄

文｜陳庭揚　譯｜黎文超

日期｜寫於 2015 年 9 月 21 日

Some of the staff at CPH

上圖｜陳庭揚醫生在院長室工作（陳庭揚醫生提供）

下圖｜1980 年代，陳庭揚院長和眾醫生合照。（陳庭揚醫生提供）

　　我是在 1962 年加入精神健康服務，你可說這是偶然的。為甚麼呢？我在 20 歲時離開香港到美國讀書，所持的是單次學生簽證。美國的制度有些不同，如果要讀醫科，必須先完成一個本科預備課程。那時候，本科四年制未有嚴格執行，故我能在兩年半內完成並且進入醫學院。當醫科生的我完成了一年實習，之後我在內科也工作了一年，然後才決定回港。

　　那時候我離開香港前後已經十年了，要和家人保持聯絡，靠的是書信和電話。沒有人談及香港有何轉變，當我回港後，才發現香港的轉變，實在令我非常震驚。

　　最令我矚目的是這十年的人口增長！

　　我發現我自己有點難以適應。當時青山醫院剛創院不久，我姊姊是香港首位獲認可的精神科社工，她在英國倫敦經濟學院畢業，被委派到青山醫院工作。我決定跟她到青山看看，之後我馬上決定在那裏工作了。

　　我這個決定令大家感到驚訝，因為青山醫院位置偏遠，而且社會對精神病的歧視已足夠把人趕走。我也相信醫務衞生署很驚訝我會申請到青山醫院工作。其實我十分喜歡農村安靜的環境，以及那非常吸引我的建築設計。

　　那時候由葉寶明醫生負責香港精神科服務。青山醫院分為男座和女座，男座由施應嘉醫生管理，女座則由吳達偉醫生主理。我被分派到女病房工作。我真真正正發現精神科是一門可給我發展的專科。

　　因此，我從 1962 年做精神科到 1986 年退休，可說是無怨無悔！

　　我第一次接觸精神病人是在青山醫院。這是一個真

上圖│初入職的陳庭揚醫
生（陳庭揚醫生提供）

實的學習環境，激發我對人生的體驗。它教會我精神病
是複雜的，因當中涉及因果關係。當我們運用常識，試
圖關注及傾聽他們的心聲，再加上全面而詳盡的病史，
就能給予合理的診斷。當中不可忘記真摯的同理心是至
關重要的，要能夠給予病人心理上的支持。我在美國學
習，明白了一個道理，縱使我們不能治癒病人，但亦不
能使他們變差。我們也要學會接受不是所有疾病都治得
好的事實。

青山內的人事回憶

葉寶明醫生是一位學者，學術很透徹，同時也是有
愛心的人。有一次我身體不適，職員診所的 Dr. Conway
給我服用抗生素。當葉醫生發現我白血球過低時，他馬
上送我到伊利沙伯醫院作進一步檢查。他還給我一便箋，
祝我早日康復，並希望我不是由於在青山醫院工作勞累
過度。他還到伊院探望我呢。

另一次輪到葉醫生病倒，我也到瑪麗醫院去探望他。我看見他在病床上還在繼續寫他的論文，就是那篇眾所周知的「縮陽研究」，這文章在國際間常常被人引用。很可惜他前赴墨西哥參加學術會議時心臟病發去世。這是一個很大的損失啊！

我也想對吳偉達醫生表達深切的感激，他是一位優秀的導師，在臨床診斷上很精明，在處理病人方面也給我很大的自主權。這不是沒有督導，如有問題也很容易找到他。他不會仔細地指令我要做甚麼，但會說一些令我思考的說話。可幸的是我在臨床工作上沒有受過他的批評，在小組或個案會議時，他會給我們一兩個問題去反覆思索，但他說出來的答案卻往往是我們想不到的，這點學習的機會我覺得很寶貴。

盧懷海醫生是我在青山醫院時最後一位主管顧問醫生。他是一位體貼、公平及能幹的管理人。在資源有限的困境下，他也可以把事情辦好。我有幸在他的指導下工作，實在是難能可貴。

以下還有一些有趣的個案可以和大家分享。

在我第一天到高街精神科門診工作時，一位年輕的女子和她母親一同到診。她們說一位私家精神科醫生提議她們到公共精神科服務，如果幸運的話可能會在門診見到我，而我就會把她（女兒）送入青山醫院。我診斷後覺得並不需要住院，然而他兩母女總是想找到方法入住青山醫院。後來，她被分派給另一位主診醫生，她要求見我，但被我拒絕。多年後她告訴我，當時她看見我每天如何巡房，如何向病人問診，所以她認為只要我診治她，她就會好轉。

我退休後到墨爾本做非全職診症服務時，在星島中文報刊登了一段小小的開業啟示。不久我收到她來自悉尼的電話，說一定要來和我談一談。在她的堅持下，我們在墨爾本一間餐廳共進午餐。她告訴我一直遵從着我第一次在高街門診時給她的忠告，說我是唯一給她希望的人。然後她與我分享她的人生奮鬥經歷、她的生活，以及在工作上所獲得的成果。其間，她不須再看精神科醫生了。

　　另一個深刻的個案是轟動一時的「雨夜屠夫」林 X 雲。這案件在 1982 年被詳細報導過，他的死刑已改為無期徒刑。現在他在高度設防的石壁監獄服刑。當年他被捕後，我是第一位檢查他的精神科醫生，其後也有 Dr. S. K. Law 和 Dr. Green，另有一位來自墨爾本的精神科法醫來當他的辯方專家證人。

　　從這兩個案例，我想指出當精神科醫生評估病人時，病人也同時在評估醫生。第一個個案便明確指出這一點。第二個個案更指出第一次評估時要盡可能取得相關資料的重要性。就林 X 雲而言，他已從不同的精神科醫生處學習到這一點，已知道下次見醫生時要說甚麼和怎樣去應對提問。這是通過他自己「評估」，來建立醫生對他的印象。

　　在元州邨事件後，盧懷海醫生引進的優先跟進系統（Priority Follow Up, PFU），改善了出院病人在社區的醫療效果。各個專業界別會開會討論新入院病人的情況及其他事項。部門主管要確保所有的考慮都得到充分討論，例如自殺風險及病人出院安排等等。

談到我的伯樂，我必須說吳達偉醫生是我的導師，當我第一次加入精神健康服務時，他對我的影響最大。他推薦我看的書十分適合初學者，包括：

1. *Psychological Medicine* by Desmond Curran;
2. *Psychopathology* by Fish;
3. *Mayer Gross Clinical Psychiatry* by Eliot Slater and Martin Rooth

這些書給了我一個紮實的根基。

當我在青山醫院當院長的時候，每天我都會和總護士長，以及前一天的當值護士去檢視在過去 24 小時內所發生的事項，並把事項盡快處理好。我仍有臨床職務，我需要看顧我的病人。同時也會到病房巡查。院長也有很多行政工作，且要讓自己能夠定時和醫生、護士見見面，尤其當他們有事需要知會我的時候。

左圖｜Martin Roth 受封為爵士，他曾在 1984 年訪問青山醫院，陳庭揚醫生幸和他一起研討交流。左三是 Sir Martin Roth，右一是陳庭揚醫生。（陳庭揚醫生提供）

右圖｜Sir Martin Roth 親筆簽名的 *Clinical Psychiatry* 一書。（陳庭揚醫生提供）

自從我於 1986 年退休後，醫院的架構已作出很大的改變，院長一職已被行政總監取代。社康及病人支援照顧猶在國際潮流下發展。香港在這方面的發展我不予評論，可是我還未聽過世界任何地方的社區支援系統會被認為已經滿足全部需求。

　　香港人口持續在增長，社會壓力漸大，我們可以預期問題的嚴重性。可是，在有限的財力和人力資源下，我們已把精神健康服務做到很好。

Sir Edward Youde, Governor of Hong Kong
18 April 1986

右圖｜1986 年，港督尤德爵士（Sir Edward Youde）訪問青山醫院。（陳庭揚醫生提供）

陳庭揚醫生（ Dr. Leslie Chen ）是精神科的前輩。他在 1960 年代初到任青
山醫院及在 1980 年代中卸任院長之職，現已定居澳洲。也因此之故，不能
如計劃中要和所有被訪者作一面對面的會談。在採訪過程中，大家發覺相關
的照片極為稀少。在筆者印象中，陳醫生常拿着相機在醫院拍攝，所以估計
他可能收藏很多我們想要的照片。

在互聯網上幾經搜尋，終能和陳醫生聯絡上。他很支持我們的計劃，不久後
更送給我們數十張珍貴的照片作出版之用。雖不能作一面訪，但陳醫生也用
電郵答了很多我們關注的問題。

1970 年代中後期可以說是現代精神醫護之始，依稀記得陳醫生經常自己一
個人到病房巡察。正如他自己說「不是每個都喜歡我的」。但 40 年後的今
天，看來陳醫生當年的要求和論點仍能滿足現今社會及醫管局的要求。

在葉寶明醫生看來，縮陽實為一種文化所繫的精神病（Cultural bound Psychiatric Syndrome）。這情況只見於中國長江流域以南及馬來半島。

典型的病例是中國男子於冬天半夜性交後，再到屋外小便，他突然恐慌自己會死亡，因為他覺得自己的陽具正縮入體內。解決方法是繫一條紅線於陽具，另一端繫上重物，使它不能縮入體內。在我工作間裏的另一位醫生在 1980 年在急症室內還遇上相似病例。

這當然和民間對鬼神的信仰有關。民間深信鬼不能生育，所以鬼沒有陽具。此引申到若陽具被吸進體內，則是死亡之時。

葉醫生發現此病的本質其實是驚恐症（Panic Disorder），產生原因可能與性罪惡感有關，文化因素只是影響它的表現與症狀而已。

16

天字第一號本地精神科註冊護士
吳廣華先生之演説

文 | 潘裕輝

日期 | 2016 年 10 月 26 日
地點 | 青山醫院演講廳

上圖 | 座談會之情況。（潘裕輝先生提供）

所謂「門庭依舊，人面全非」，但從這相片（上圖）看，青山醫院人面固然不同，連門庭都已改變了。

我今年 77 歲，56 年前（1960 年）在這裏受訓。人說：「夕陽無限好，只是近黃昏。」這話對老人家來說是不好的，凡事從兩面看，我們可以說是：「夕陽無限好，只因是黃昏。」

這相片（下圖）是青山醫院鳥瞰圖，入口有旗杆，那是行政大樓。

這邊有長城，是法醫精神科的位置，9、10、I、J 房，就是現在身處 S 座的位置。

上圖｜護士從青山醫院正門步向護士宿舍。

下圖｜青山醫院鳥瞰圖（陳庭揚醫生提供）

上圖｜青山醫院行政樓 2 樓為精神科護士學校。

周圍沒有其他建築物，青山醫院可算「大晒」，沒有屯門醫院，也根本沒有屯門區；以前沒有人說「入屯門」，只有「入青山」。

這張相片（上圖）是行政樓，也是學校。當時只有一個班房，一個 Practical Room，你們現在稱呼作「Nursing Lab」，多麼動聽，當時只是 Practical Room。有一個圖書館，也作為會客室。後期新增了兩個病房。

我們笑說「7-up」，老師講書自上午 7 時起，一直講 7 個小時，所以是「7-up」。

青山醫院自 1955 年開始興建。1957 年最先有 7 號和 8 號病房。只有一座建築物，7 號病房在樓下，8 號病房在樓上，每間 60 人，共收 120 名病人。

1959 年成立了第一間精神科護士學校，我就在該年 12 月 28 日入學的。

1961 年 3 月 27 日，青山醫院正式開幕。

　　上圖攝於護士聯校畢業典禮，左邊是「大執鬚」Mr.
Porter，之後是 Byron Cheung 和我，右邊的是我們的老師
夏應生先生。

　　當時畢業生幾百人，但精神科只有兩人。

　　以下相片有四位男生，其實我們第一班護士學生有
六位男生，其中兩個讀到中途離開了，只餘下四人，這
四位就是 Dr. Yau、我、阿馮和張達仁（Byron Cheung）。

　　怎料阿馮成績不合格，要延遲畢業，結果第一屆畢
業生只有我和 Byron Cheung 兩個人。

1976 年成立了瑪嘉烈精神科護士學校，名稱是 School of Psychiatric Nursing, PMH，當時又有 School of Nursing, PMH，結果郵差派信時總是錯投。

後來 1981 年，葵涌醫院精神科護士學校成立，即是 School of Psychiatric Nursing, KCH。課程是三年制的，第一年讀理論，第二年在青山醫院實習，第三年在葵涌醫院實習。那時候青山醫院護士學校已經不再運作，但後來香港人口增多，對精神科護士需求很大，故此重新運作青山醫院護士學校。我們就在女宿舍及廚房旁邊，搭一間小屋，又開班收生了。為避免混亂，在新班加上 S，就由 S1 班開始。

後期再正式成立青山醫院精神科護士學校，但那是很久以後的事了。

葵涌醫院和青山醫院都是 Gazette Mental Hospital，有 Gazette 一字代表是憲法醫院，是根據憲法公佈的指定醫院。病人必須根據《精神健康條例》而入院，不是憲法的一般醫院，當然就不一定要依據條例而入院了。

說起我為甚麼加入精神科？1958 年，我剛畢業投身社會。我先父認識一位在醫務衞生署人事部工作的朋友，他問我爸爸：「你的兒子想不想到英國？」我爸爸問：「此話怎解？」

他說：「我在人事部工作，做了幾十宗個案，凡加上 P-S-Y 三個字母的，都去了英國，總之你叫你兒子在應徵時寫上 P-S-Y 三個字，就可以了。」其實沒有人知道 P-S-Y 是甚麼意思。

1960 年代，香港是英國殖民地，政府送你到英國讀書，當然再好不過，因此我就填「Student Nurse P-S-Y」

手續辦好了之後，職員說：「對不起了，由你這一班開始不需要再去英國，因為有一位姓夏的，已經去學習回來了，現在由他來訓練就可以了。」我真是「多得佢唔少」（笑）。

夏應生老師（Mr. William Har）是我尊敬的老師，到今日我們還不時見面。

開學後，我們在瑪麗醫院上課，實習在高街。

畢業後成為註冊護士，由於我們是第一批香港註冊護士，因此編號 RNP001 是 Byron Cheung（按英文字母順序排位），RNP002 就是我，可是 RNP001 的 Byron Cheung 在退休後沒有再續牌，而我就成為第一位了。

第二班學生有 13 名男生。

第三班學生有 11 名男生及 2 名女生，她們就是

Gloria Chan 及 Maggie Cheung，又有監獄處（現稱懲教署）的人來讀書，當時還未有小欖精神病治療中心（Siu Lam Psychiatric Centre, SLPC）。

順帶一提，第三班其中一位學生是翁江培，藝人伍詠薇的前夫。

青山為甚麼是青山？

香港開埠初期，精神病人會送進廣州芳村惠愛醫癲院。傳聞會用籠把病人困住再抬上大陸，但這不是真的。

1949 年成立新中國，他們不再接收精神病人，開始要由香港自己處理，於是着手計劃興建大型的精神病院。那時考慮選址青山或沙田，但因為沙田有火車連接，嫌不夠偏遠，結果選擇了更加偏遠的青山。其實社會對精神病人的歧視，一直存在，現在雖然大大改善了，其實還是有的。

為了滿足英國所要求的人手比例，令我們畢業能得到英國承認。故此聘請了 18 名英國護士來香港，人稱「十八羅漢」。他們說英語，護理病人時需要我們翻譯，但病人罵他們時，我們都不會直譯給他們聽。

交通狀況

10 號巴士，由佐敦道行青山公路，總站是元朗。我們在近大興邨位置下車（當時沒有大興邨），都是些泥灣路，我們要走路過來上班。

我住北角，後來賺到錢後買了車，由北角駕車到中環，再乘搭那些可運載汽車的渡輪，過海後再行駛青山公路，路途極遠。

後來交通出現改善，是在有了 27 號巴士路線之後，下車的地點才與醫院較接近，服務時間由上午八點半至

下午八點半，可是一個半小時才有一班車，如果「送車尾」，則要在醫院等上一個半小時！

當時我們有交通津貼，一個星期可得 7.2 港元，要在禮堂排隊取錢。

膳食方面，學生可以去飯堂，職員就去「亞洲餐廳」，有時也會在病房煮食。

由於道路不便，颱風時往往會封路，醫院會先儲起罐頭沙甸魚或其他罐頭應急。那時的病人餐盛載在一個大盤裏，然後由病房職員分餸。

護士職銜分為四種：Registered Nurse 是註冊護士；Student Nurse 是學生護士，畢業後會成為註冊護士；Enrolled Nurse 是登記護士；Pupil Nurse Auxiliary（PNA）是學生護士，畢業後會成為登記護士。

我們笑稱 PNA 是返足「PM+Night+AM」的護士，也笑說他們是「PM+Night Mahjong games +AM」，就是在 PM 和 AM 兩更之間打通宵麻將。

那時一年一次夜更，每次一個月，連續 30 日都當夜班。我那時申請了無薪假到英國讀書 18 個月，變相少當了一個月的夜更，真是不錯啊！

那時普通科一星期「A」，一星期「P」，一星期「N」，而我們一年一次夜更，後來普通科亦跟隨了我們精神科的做法。

青山位置偏遠，交通不便，所以那時很多職員都住宿舍。我曾經住過 2B 宿舍，就是現在青麟山莊的位置，有噴水池、有花園，環境很不錯的。

週年舞會是一件盛事，「十八羅漢」會邀請石崗軍營

的英兵一起玩，大家都趁機會「識女仔」，所以很多前輩都成為「一 pair pair」，就是由這個舞會促成的。

正所謂「週年舞會夜，青山燈如畫，月上柳梢頭，人約黃昏後」。

現在沒有這個舞會了，也失去了這個機會，你們又用甚麼方法來「識女仔」？或者「識男仔」？

圖中，這位英國女士應該是 Ms. Dickson，站着拉繩的男生是 Tomy Tam，應該是第四班的同學。

戒毒服務

首先在高街和青山試行戒毒服務。高街分兩個病房，開辦前我和 Byron 也參與抬床整理病房的工作，為病人提供 Physeptone 注射服務（後改用 Methadone 美沙酮，1964 年開始有口服美沙酮），連續五日注射 Physeptone，再加兩日維生素 B1，然後送病人到石鼓洲。

病人六個月後要來覆診，看看戒毒治療成效，他們在覆診前，往往瘋狂吸毒補充，但卻說「沒有」。只要我們給他注射俗稱「解藥」的 Nalorphine（Naloxone），他們的脫癮徵狀就立即顯露。

南海十三郎是位有才華的人，他是粵曲專家唐滌生的師傅。他本名叫江譽鏐，是大史公第六位太太的兒子，排行十三，故稱十三郎。他於中國戰亂時來到香港，經濟條件比之前當然差了很多，後來更患上精神病。

他曾在香港大學讀書，但中途去了北平（北京）找女朋友，到上海時才知道女朋友死了，於是折返香港，怎料就開始出現情緒問題。

畢竟他是個名人，很多人會給他面子，到許多餐廳吃飯都不用付款。

我也見過他，大約五尺三寸高，我叫他「江老師」，他也不太懂得回應我。

1984 年 5 月，他在吃完午餐後昏迷，送到瑪嘉烈醫院後不治。根據官方紀錄，他是死在瑪嘉烈醫院的。

當時未有小欖精神病治療中心，精神病犯人只能送到青山醫院。何謂精神病犯人？就是判斷「他是否有意圖」和「他是否清楚自己在做甚麼」。

例如「雨夜殺手」林 X 雲，他殺了人後，還拍下解剖的相片留念，並找一間標明「不經人手」的沖曬店。沖曬店職員在沖曬時確實不經人手，但在人手入信封時卻看見了這些解剖相，就報警捉了他。

林 X 雲說他沒有心，不是有意的。後來也有很多精神科醫生檢查過他，眾說紛紜。最後判定他是有意的，因為他車尾箱放有繩索，顯示他是有所準備的；他去曬相，也顯示出他是知道自己在做甚麼的！

「人到無求品自高，官到無求膽自大」，一位香港女前政務司曾說出此豪言壯語，坊間比較不重視「官到無求是不是真的膽大？」反而針對說話的人「是不是真的無求？」。截稿當日，說話者已經參加了 2017 特首選舉，而且加官至特首了。

然而，吳先生已經退休多年，他就真的無求了。他以風趣幽默的說話講出大執籌、PSY、PNA……他夠膽講，我夠膽寫。

憲報精神病院（Gazette Mental Hospital） 文｜李兆華
到底是甚麼？

　　嚴重精神病患者與其他患有身體疾病的患者最不同的地方是他們的病悉感（Insight）缺失，即使他們有幻覺或妄想，但也不認為自己有精神病，亦不認為需要治療。可是當他們的病漸漸影響到他們自己或其他人的生命財產時，社會便會要求精神科服務強制介入，從而出現強制住院的情況。

　　在 1980 年代之前，強制住院需要家人及太平紳士分別簽署兩份表格；1985 年後，則需要家人、醫生及法官分別簽署三份表格，即俗稱的「Form 123」。

　　這裏可以看到法律對於市民人身自由的重視，非不得已不會將治療強加於別人身上。

　　手續辦妥之後，病人會被送至《精神健康條例》指定的醫院進行觀察及治療。因為接收者這些禁制性病人的單位都是法例列明於憲報上的，所以這些單位又叫做「憲報精神病院」。青山醫院就是其中之一。

2003 年的 4 月 1 日，當時 46 歲的張國榮在文華酒店 26 樓跳下自殺身亡，事件震動整個香港。

網上流傳他的一張便條，上面寫着：

Depression!!

多謝各位朋友

多謝麥列菲菲教授

呢一年來好辛苦

不能再忍受

多謝唐唐

多謝家人

多謝肥肥

我一生人無做壞事

為何會這樣？？？

張國榮的自殺是因為抑鬱病，這病真正殺人於無形。可幸自 2003 年，香港於這方面的服務亦有所進步。

我還要說一說盧懷海醫生，他於 2015 年 6 月 2 日接受我們的訪問，是他人生的最後一次受訪。盧醫生於 2016 年秋天中風，並於當年 10 月 9 日去世。盧醫生是一位慈愛長者，當年我年少氣盛，與上司衝突，幸賴盧醫生居中調停，做和事佬，我才可以留在精神科發展。我相信不少精神科醫生對他都十分敬重，所以他的離去，對精神科的損失不可謂不大了。

又借此多謝李韡玲小姐。她知道我們在寫這本書之後，主動介紹三聯的侯明小姐給我認識。三聯看過初稿，發現十分適合香港讀者，便決定和我們合作。我感

到十分幸運。三聯規模大，歷史久，值得我們信賴。我想之後出版的各項事宜都應該會很順利的了。

李韞玲小姐的丈夫黃大偉醫生（黃歧）是我醫學院的同班同學，他對醫學史深有研究。他義不容辭地為本書作序，令本書增光不少。

雖然有點老套，但卻是事實。在這裏我想鄭重感謝我漂亮的太太彭妙珊，她既容忍我做這些看似完全不會有回報的事情，又願意作為我的第一個讀者，每次閱畢亦往往能給予我鼓勵，且提出中肯有見地的意見，對本書的支持着實不少。

最後，施應嘉醫生知道我們的書會如期出版，但稍缺相片，於是便殷然告訴我會回家翻箱倒籠，希望找到一些 1960 至 1970 年代的相片以慰讀者。這又是本書的大幸了。

家父常說：出外靠朋友，信焉。

李兆華醫生
2017 年愚人節

1、香港精神科發展大事年表

年份	香港精神科發展歷程	港中外當時之情況
1841		英國在 1841 始在香港殖民。
1872		東華醫院落成。
1875	荷李活道臨時精神病院成立。	
1885	歐籍癲房成立。	
1891	華籍癲房成立。	
1894	移送華籍精神病人到廣州芳村醫院。	
1906	立法局通過首項照料精神失常人士之法例，域多利精神病院（高街精神病院）成立。	
1937	改國家醫院護宿舍收女精神病人。	瑪麗醫院開幕。
1941		日軍侵華，香港淪陷。
1945		香港重光。
1947		葛量洪任港督。
1948	第一位精神科醫生葉寶明從英國來港到任。	
1949	停止轉送病人到廣州芳村醫院。	中華人民共和國建立。
	首位精神科護士從英國來港到任。	
1950		香港人口 250 萬。
1954	引入世界第一隻精神科藥 Largactil。	最早期徙置大廈入伙。

年份	香港精神科發展歷程	港中外當時之情況
	香港心理衛生會成立。	
	首位本地普通科註冊護士到英國接受精神科護士訓練。	
1955	始建青山醫院。	
1959	成立首間精神科護士學校。	
	引入抗抑鬱藥（MAOI）。	
1960	引入鎮靜藥鋰劑（Librium）。	
1961	青山醫院開幕。	
1963		伊利沙伯醫院落成。
1965	胰島素休克治療停用。	
	新生精神康復會成立。	
1967	青山醫院加建。	
	香港精神科醫學會成立。	
1971	在普通科醫院設立精神科病房。	麥理浩任香港總督。
1972	小欖醫院開幕。	
	第一間美沙酮診所開幕	
1975		瑪嘉烈醫院落成
1981	葵涌醫院開幕	
1982	社區精神康復護理成立	

年份	香港精神科發展歷程	港中外當時之情況
1982		元州街事件
1986		郭亞女事件
1989	修定《精神健康條例》（郭亞女事件）	
1990		醫院管理局成立
1992	開始重建青山醫院	
2006	青山醫院重建完成	
2016	開始重建葵涌醫院	

2、香港職業治療服務大事年表

年份	職業治療服務發展
1961	青山醫院的職業治療部正式成立。
1960－1970	廣東話為母語的職業治療師在青山醫院服務。
1981	第一批在理工學院職業治療文憑課程的畢業生加入醫院事務署工作。
1980 年代初	青山醫院職業治療部開設了社區工作及出院輔導組。
1998	卓越之友成立。是香港首間獲得國際會所認證的精神科會所。
2003	首間流動記憶診所及相關網頁成立。
2008	職業治療師在精神科的領域內，開始擔當個案經理的角色。
2009	青山醫院的門診部開設職業治療診所。

年份	職業治療服務發展
2010 開始	拓展認知復康服務，與香港理工大學研發兩項與服裝銷售員和便利店服務員有關的認知訓練軟件 七位職業治療師分別遠赴美國哥倫比亞大學及德州大學聖安東尼奧醫學中心，接受有關神經心理教育方法及社交認知的訓練。
2012	開展聘請服務使用者作為合約制職員。
2015	發展殘疾人士駕駛能力評估，成立了首個精神科駕駛評估及復康室，添置駕駛模擬器。

3、中英對照醫學名詞表

Medical Term	醫學名詞
Asylums Ordinance	癲人院條例
Complete blood picture（CBP）	全血球指數
Community Orientated Psycho-geriatric Services	社區為本老人精神科服務
Community Psychiatric Nursing Services（CPNs）	精神科社康護士服務
Delirium	譫妄
Dementia	認知障礙症（又名腦退化症／失智症）
Electroconvulsive Therapy（ECT）	腦電盪治療
Epilepsy	腦癇症
Gazette Mental Hospital	憲法精神病院
General paralysis of the insane（GPI）	梅毒上腦

Medical Term	醫學名詞
Hong Kong Fever	香港熱病
Insulin Shock Therapy	胰島素休克治療
Largactil	氯丙嗪（第一隻精神病藥物）
Leucotomy	前額葉腦手術
Malaria	瘧疾
Mental Health Ordinance/ Mental Health Act	精神健康條例
Mini Mental State Examination（MMSE）	簡短智能測驗
Neurology	神經科
Non-Government Organization（NGO）	非政府志願機構
Priority Follow Up（PFU）	優先覆診系統
Psychodynamic	精神動力學

責任編輯　胡卿旋

書籍設計　陳德峰 (tomsonchan.hk)

書　　名　戰後香港精神科口述史

主　　編　李兆華　潘佩璆　潘裕輝

出　　版　三聯書店（香港）有限公司

　　　　　香港北角英皇道 499 號北角工業大廈 20 樓

　　　　　Joint Publishing (H.K.) Co., Ltd.

　　　　　20/F., North Point Industrial Building,

　　　　　499 King's Road, North Point, Hong Kong

香港發行　香港聯合書刊物流有限公司

　　　　　香港新界大埔汀麗路 36 號 3 字樓

印　　刷　美雅印刷製本有限公司

　　　　　香港九龍觀塘榮業街 6 號 4 樓 A 室

版　　次　2017 年 11 月香港第一版第一次印刷

　　　　　2018 年 4 月香港第一版第二次印刷

規　　格　特 16 開 (148mm × 210mm) 256 面

國際書號　ISBN 978-962-04-4197-4